통(通)통(通) 항공서비스 실무

홍윤희 서현경 양근애 공저

양 성 원

머리말

4차 산업혁명이 도래하면서 다수의 직업이 인공지능으로 대체되는 시대가 곧 머지 않았다는 기사를 심심치 않게 접할 수 있다.

단순한 기계적인 작업은 인간보다 나을 수 있지만 사람의 마음을 이해한다는 것은 어려운 일이며, 로봇을 능가하는 인간의 능력을 보여 줄 수 있는 직업 중의 하나가 바로 항공기 객실승무원이 아닐까 한다.

국내의 항공 관련 학과의 숫자는 100여 개 이상이며 항공기 객실승무원을 꿈꾸는 학생들은 여전히 증가 추세이다.

사람의 마음을 이해하기 위해서 필요한 교육에는 여러 가지가 있을 것이다.

수년간 학생들을 가르쳐오면서 서비스에 대한 훌륭한 교재를 많이 접하였지만 항공기 객실승무원에게 필요한 전문적인 서비스 교재는 찾아보기 어려웠다.

본 교재는 항공기 객실승무원을 꿈꾸고 항공 관련 학과에 진학한 학생들에게 도움이 되고자 필요한 공부가 무엇인지 고민하여 만들었다.

본 교재는 총 12장으로 구성되어 있으며, 1~4장까지는 서비스맨 및 항공기 객실승무원에게 필요한 외적 이미지와 기본 에티켓, 국내 항공사에서 추구하는 항공사의 이미지에 대한 내용을 담았다. 5~8장까지는 서비스 및 고객에 대한 기초 지식과 항공사 서비스의 서비스 품질 및 항공사 서비스는 무엇인지에 대한 내용을 담았다.

마지막으로 9~12장까지는 외적 이미지와 기본 지식을 바탕으로 고객과의 커뮤니케이션 방법에 대해 다루었다. 항공기 객실승무원이 가져야 하는 서비스마인드와 의사소통의 기본을 이해하고 올바른 고객과의 대화법을 실제 사례를 통해 적용할 수 있도록 하였다.

본 교재가 항공기 객실승무원을 희망하는 지원자 및 항공 관련 전공학생들에게 이론적 지식의 기본을 바탕으로 실무에서 활용하는 데 도움이 되기를 희망한다.

막연하게 서비스에 대한 밑그림을 그리는 단계였다면 밑그림에 필요한 색을 칠할 능력을 갖춘 서비스인이 되는 데 기초가 되기를 바란다.

또한 변화하고 발전하는 항공산업의 동향을 잘 파악하여 본 교재의 내용도 개정・보완해 나갈 것을 약속하는 바이다.

마지막으로 교재를 만드는 데 항상 최선의 방안을 제시하시며 도와주신 양성원 강철원 사장님과 편집부 여러분께 감사의 말씀을 전한다. 특히, 엄동설한의 날씨에도 불구하고 항상 달려와 주신 황남수 이사님께 깊은 감사를 드리는 바이다.

2018년 2월

저자일동

차례

Part 01 항공서비스 이미지메이킹

Part 02 항공 고객 서비스

Part 03 항공 서비스 커뮤니케이션

PART 01

항공서비스 이미지메이킹

CHAPTER

01

항공기 객실승무원 이미지메이킹

학습목표

1. 이미지메이킹의 의미와 중요성에 대해 알아본다.
2. 이미지메이킹의 구성요소에 대해 알아본다.
3. 이미지메이킹의 5단계에 대해 알아본다.
4. 퍼스널 브랜드(Personal Brand)에 대해 알아본다.

MEMO

01절 이미지메이킹의 의미와 중요성

1) 이미지메이킹의 의미

이미지(Image)의 사전적 의미로는 '심상', '영상', '인상' 등이며, 특정 개인을 떠올렸을 때 그 개인이 가지고 있는 독특하고 고유한 느낌이다. 이미지는 개인이 가지고 있는 외적인 외모뿐만 아니라 표정, 말씨, 옷차림, 걸음걸이와 태도, 성격 등이 부합되어 외부로 보여지는 것을 말한다. 사전적인 의미의 이미지메이킹은 '이미지 만들기', '이미지를 향상시키다', '이미지를 바꾸다' 등의 의미를 가지고 있다. 궁극적으로 이미지메이킹이란 자신의 바람직한 상을 정해놓고, 그 이미지를 현실화하기 위해서 자신의 잠재능력을 최대한 발휘하여 자신이 될 수 있는 가장 긍정적이고 매력적인 모습으로 자신을 만들어 가는 의도적인 변화과정이다.

이미지는 내적 이미지와 외적 이미지 요소로 나눌 수 있으며, 내적 이미지는 한 사람의 내면을 일컬으며 성격이나 인품, 가치관, 자존감 등 자신의 마음의 이미지로 내면 이미지를 기반으로 지속적이고 진실한 외적 이미지를 유지할 수 있기 때문에, 내적 이미지는 중요한 요소이다. 반면, 외적 이미지는 얼굴 생김새, 표정, 말씨, 옷차림, 걸음걸이 등으로 외부로 표출되는 요인들을 말하며 비교적 빠른 기간에 그 효과를 얻을 수 있는 특징을 가진다. 하지만 내적 이미지를 긍정적이고 밝은 이미지로 가꾸어 가지 않으면 단시간에 효과를 가진 외적 이미지는 부정적인 이미지로 바뀔 수 있다. 따라서, 내적 이미지와 외적 이미지 메이킹을 동시해 하는 것이 가장 훌륭한 이미지메이킹이라 할 수 있다.

항공기 객실승무원은 항공사의 이미지를 대표하는 가장 핵심적인 인적 서비스 역할을 담당하고 있다. 따라서 항공기 객실승무원은 깔끔하고 세련된 신뢰감을 가진 외적 이미지뿐만 아니라 서비스에 진심이 느껴지는 내적 이미지를 동시에 메이킹하는 것이 중요하다.

MEMO

I(mage) - making

- 나를 제대로 알리는 것
  → 내적 이미지를 끌어내서 나만의 강점을 알리는 것
- 잠재된 장점 계발
  → 부족한 점 보완하여 가장 훌륭한 자신을 만들어 가는 과정
- 가장 매력적이고 호감가는 나를 만들어 가는 과정
  → Image Making

1. 내가 닮고 싶은 내적 이미지 롤 모델 / 닮고 싶은 이유(다수 가능)

2. 내가 닮고 싶은 외적 이미지 롤 모델 / 닮고 싶은 이유(다수 가능)

MEMO

2) 이미지메이킹의 중요성

근래 들어 취업난이 장기화되면서 구직자의 첫인상과 외모, 이미지가 채용 면접에 있어서 커다란 변수로 작용하고 있다. 한 기업의 인사담당자를 대상으로 '채용 시 구직자의 외모가 영향을 미치는가'라는 질문의 설문조사를 실시한 결과 인사담당자의 66.7%가 '그렇다'고 답했다. 73.7%의 인사담당자들은 실력이 뛰어나지만 비호감형인 사람보다는 실력이 부족하지만 호감형인 사람을 택하겠다고 답해 외모가 중요한 경쟁력으로 부각되고 있음을 시사했다. 따라서 현대사회에서 타인에게 나를 긍정적이고 매력적으로 보이기 위해 이미지메이킹이 필요하다.

항공기 객실승무원은 항공사의 이미지를 대표하는 인적 서비스 요소로서 고객과 최접점에서 서비스하는 승무원의 외적 이미지는 인적 서비스 중 매우 중요한 요소이다. 또한 고객들이 항공사를 결정하는 데 있어서 고려되는 요인 중에 하나이다. 항공기 객실승무원은 항공기에서 안전 업무를 우선순위로 하여 서비스 업무를 담당하고 있다. 서비스에는 Beverage SVC, Meal SVC, Duty Free SVC가 주를 이루고 있으며 이때 손님에게 보여지는 객실승무원의 머리 모양, 화장, 유니폼의 상태, 얼굴 표정, 행동 그리고 말투가 항공사에 대한 이미지이기 때문에 긍정적인 이미지를 심어주기 위해서는 자신만의 이미지메이킹이 반드시 필요하다.

(1) 첫인상의 법칙

첫인상을 결정하는 '7초의 법칙'이 있다. 사람들이 누군가를 처음 만났을 때 7초만에 호감/비호감의 이미지를 결정한다는 것이다. 그런데 중요한 것은 7초 안에 결정된 이미지가 비호감일 경우 48시간의 공을 들여야 호감의 인상으로 바꿀 수 있다는 것이다. 그만큼 첫인상은 사람들과의 만남에서 굉장히 중요한 요소이다. 캘리포니아대학교 로스앤젤레스캠퍼스(UCLA) 심리학과 명예교수인 앨버트 메라비언(Albert Mehrabian)은 사람의 호감/비호감을 결정짓는 데 외적인 요인이 중요하다고 말한다.

앨버트 메라비언이 1971년에 출간한 저서 《Silent Messages》에 따르면 한 사람이 상대방에게 받는 이미지에 언어, 즉 말의 내용이 차지하는 비중은 고작 7%이고 청각적 요소 38%, 시각적 요소가 55%로 절반 이상을 차지한다고 하였다.

MEMO

고객이 항공기에 탑승하여 가장 먼저 접하는 사람이 승무원이다. 승무원의 청각적 요소인 '안녕하십니까', '어서오십시오' 의 밝인 인사와 깔끔하고 세련된 시각적인 요소로 그 항공사의 첫인상을 결정지을 수 있기 때문에 승무원의 첫인상을 위한 이미지 메이킹은 중요한 요소로 자리 잡고 있다.

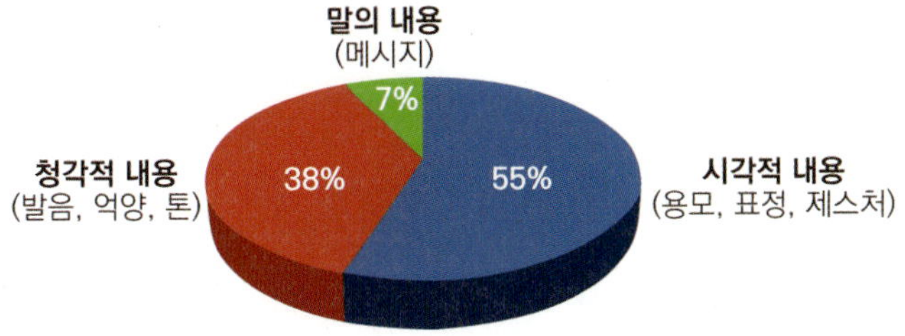

[그림 1-1] 앨버트 메라비언의 첫인상의 법칙

① **초두효과**

초두효과란 최초에 수집된 정보가 나중에 수집된 정보를 해석하는 지침을 마련해준다는 것이다. 즉, 먼저 들어온 정보가 나중에 들어온 정보보다 상대의 이미지를 형성하는 데 더 큰 영향력을 발휘한다는 의미이다. 따라서 첫인상의 순간적인 이미지가 강력한 힘을 가지고 있고 사람들이 머릿속에 '일관성'을 유지하려는 심리적 압력이 내재되어 있기 때문에 첫인상을 좋게 여겼던 사람이 실수를 하면 '그럴 만한 이유가 있겠지' 하고 너그럽게 평가하는 반면, 첫인상을 안 좋게 여겼던 사람이 실수하면 '그럴 줄 알았어'라고 일관성 있게 평가를 한다는 것이다. 이 일관성 원리는 우리가 모르는 사이에 우리의 많은 사고과정을 지배하고 있다.

② **후광효과**

후광효과란 어떤 사람의 특정한 한 가지 면을 보고, 다른 면까지 그를 근거로 하여 평가에 영향을 받는 현상이다. 즉, 어떤 사람이 가지고 있는 두드러진 특성으로 연관되지 않은 다른 특성을 좋거나 나쁘게 평가하는 것을 의미한다. 예를 들어, 첫인상이 좋은 사람은 그 이외의 성격이나 인간관계 등이 좋을 것이라고 평가하는 것이다.

그래서 후광효과로 인해 좋은 인상은 긍정적인 방향으로 작용하고 나쁜 인상은 부정적인 방향으로 작용할 수 있는 것이다.

따라서 좋은 첫인상을 만들기 위해 현대사회에서 이미지메이킹이 필요한 것이다.

MEMO

02절 이미지메이킹 구성요소

1) 외모

외모는 상대방에게 호감을 줄 수 있는 정도로 개인의 특성과 성향에 따라 다르지만 단정한 용모와 복장은 상대에게 친근감과 편안함을 전달할 수 있다. 외모는 그 사람의 옷차림, 화장법, 헤어스타일, 피부에 이르기까지 그 사람의 개성과 특성이 외부로 표출되어지는 모습으로 이미지메킹의 중요한 구성요소이다.

2) 표정

표정은 눈과 입의 모양에 따라서 달리 표현된다.

표정은 마음속의 감정이나 정서 따위의 심리상태가 얼굴에 나타나는 현상이다. 즉, 표정은 내 마음을 남에게 보여 주는 창구이다. 또한 표정은 다른 사람에게 자신의 이미지를 전달하는 중요한 요소이므로 항상 밝은 표정으로 대인관계를 형성하여 긍정적인 이미지 구축이 필요하다.

3) 자세

자세는 항공기 객실승무원으로서 지녀야 할 바른 자세를 말한다. 항공기 객실승무원은 어떤 장소에서도 바른 자세를 유지해야 한다. 선 자세, 앉은 자세, 걷는 자세, 말할 때의 제스처 등 자신의 이미지를 결정하게 되는 요소이다. 항공기 객실승무원이 바른 자세를 취할 때 손님의 신뢰도가 상승하는 효과가 있다.

4) 행동

행동은 욕구와 습관의 작용을 받고 감정과 생각에 영향을 준다. 표정과 외모가 동반

MEMO

되며, 화술과 자세에도 영향을 미친다. 저변에는 심성이 잠재되어 있어 평소의 습관이 행동으로 나타난다.

5) 화법

화법은 모든 행동의 기본이다. 화법은 생각에 의해서 작용받고, 습관을 만들어 말로 표현된다. 예의 바른 화법을 사용하는 것은 그 사람의 인성과 인격을 전하는 중요한 역할을 한다.

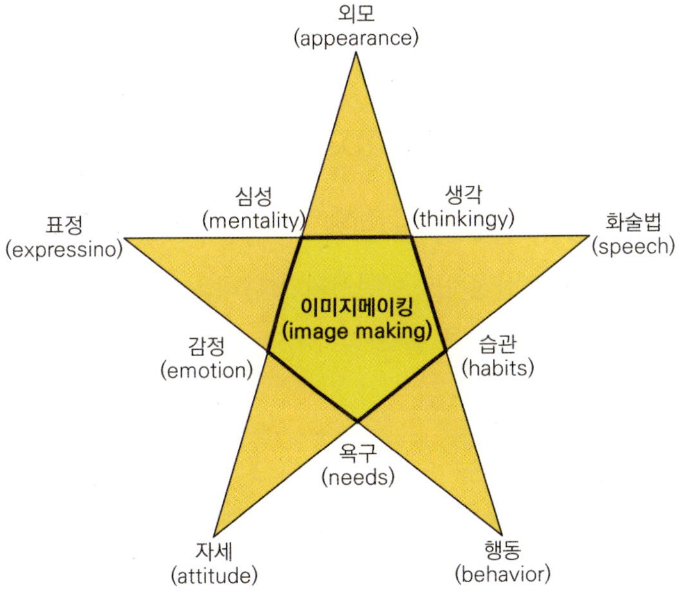

[그림 1-2] 이미지메이킹의 구성요인

MEMO

03절 이미지메이킹의 5단계

1) 1단계: 자신을 알라 (Know yourself)

자기 자신을 알고 정확히 파악하는 단계

객관적으로 남들이 생각하는 나와 주관적으로 내가 생각하는 나를 파악하고 분석하여 정확히 자기 자신을 아는 것이 중요한다. 자기 자신의 장잠과 단점을 파악하여 장점을 최대한 부각할 수 있도록 하고 단점을 최소화해야 한다.

2) 2단계: 자신을 계발하라 (Develop yourself)

자신의 목표를 설정하고 계발하는 단계

자신의 구체적인 목표를 설정하고 발전시키기 위해 노력하는 단계이다. 내적・외적 이미지의 롤모델을 목표로 자신과 롤모델 사이의 차이를 발견해서 자신을 계발해 나가는 단계이다.

3) 3단계: 자신을 포장하라 (Package yourself)

자신을 상품화하고 브랜드화하여 가치를 높이는 단계

아무리 맛있는 음식이라고 형편없고 더러운 접시에 세팅되어 있다면 음식의 가치가 떨어질 것이다. 맛있는 음식을 깨끗하고 품위 있는 접시에 세팅하여 판매를 한다면 구매률이 상승할 것이다. 즉, 아무리 자신이 멋지고 능력이 있는 사람이라도 외형적인 이미지 계발이 동반되어야 더 큰 효과를 낼 수 있다는 것이다.

4) 4단계: 자신을 알리고 광고하라 (Market Yourself)

자신이 계발한 매력적이고 호감가는 이미지를 어필하여 기회를 스스로 만들어야 한

MEMO

다. 상대방에게 자신을 좋은 이미지로 인식시키고 높은 평가를 이끌어 내는 단계이다.

5) 5단계 자신에게 진실하라 (Be Yourself)

자신의 긍정적이고 호감가는 이미지를 지속적으로 유지하기 위해 상대방에게 진실한 마음으로 대함으로써 나에 대한 이미지의 신뢰감을 충분히 형성하는 단계이다.

나의 이미지 분석

	내가 생각하는 나의 이미지	타인이 생각하는 나의 이미지
외모		
표정		
말투		
자세		

MEMO

04절 퍼스널 브랜드 전략

1) 퍼스널 브랜드란

Brand의 어원은 고대 노르드어(Old Norse)의 'brandr'에서 나온 것으로 '태워 새긴다' 라는 의미로 자기 소유의 가축에 표시를 함으로써 소유물을 식별 한데서 유래되었다고 한다.

퍼스널 브랜드(Personal Brand)의 어원은 톰 피터스(Tom Peters)가 1997년 처음 개념을 소개한 이래 계속 이야기됐던 주제이다.

명품하면 생각나는 브랜드들이 있을 것이다. 또한 스티브 잡스하면 '아이폰', 김연아하면 '피겨여왕', 싸이하면 '강남스타일' 이런 것들이 바로 그들만이 가지고 있는 사람들에게 각인되는 브랜드인 것이다. 즉, 퍼스널 브랜드란 개인(Personal)이 가지고 있는 고유한 식별가치로 개인의 가치관, 비전, 장점, 매력, 재능 등을 브랜드화하여 자신의 가치를 높이는 것을 퍼스널 브랜드라 칭한다.

현대사회는 무한경쟁시대이다. 제품과 서비스 등 또한 이제는 브랜드시대이다. 커피 한잔을 마셔도 브랜드를 보고 마시게 되고 전자제품을 구매할 때도 브랜드를 보고 믿고 구매하게 된다. 사람도 마찬가지이다. 기업에서 인재를 선발하기 위해서 학벌과 스펙이 우선순위가 되는 시대는 지났다. 우수한 인재를 구별하기 위해 블라인드 면접을 실시하고 있다. 그들을 사로잡기 위해서는 다른 지원자와는 다른 내적·외적으로 차별화되는 자신만의 브랜드 구축이 필요하다.

또한 퍼스널 브랜드를 구축한 명품 인재는 남들과 차별화된 재능과 능력을 보여줘, 보상 측면에서도 더 높은 연봉을 받는 경우가 많다. 미국의 한 조사 결과에 따르면, 브랜드 콘셉트와 비전을 가지고 있는 직장인이 그렇지 않은 직장인보다 10% 이상 높은 연봉을 받고 있다고 한다. 개인의 퍼스널 브랜드 구축을 지원해 주는 한 국내 컨설팅업체의 조사 결과에서도 자사 고객의 연봉 인상률이 일반적인 직장인 연봉 인상률보다 높은 15.7%로 나타났다고 발표한 바 있다. 이 회사의 관계자는 퍼스널 브랜드 구

MEMO

축은 1년 후가 아니라 5년, 10년 후의 자기 가치를 향상시키는 효과적인 방법이라고 강조한다.

2) 퍼스널 브랜드 구축의 필요성

1. 퍼스널 브랜드는 믿음을 준다.
2. 퍼스널 브랜드는 자신이 누군지 정의해 준다.
3. 퍼스널 브랜드는 고객을 정의해 준다.
4. 퍼스널 브랜드는 경쟁력을 높여 준다.
5. 퍼스널 브랜드는 몸값을 높여 준다.

3) 퍼스널 브랜드 구축 전략

(1) '나'라는 개인을 발견하라

퍼스널 브랜드는 나를 바로 아는 것부터 시작한다. 내가 남들과 차별화되는 장점이 무엇인지부터 알아야 한다. 또한 단점을 파악하고 최소화하여 장점을 크게 부각시킴으로써 '나'를 상징화하는 것이다. SWOT 분석을 통해 나 자신에 대해 구체적으로 알아보자.

MEMO

(2) 차별화된 나만의 이미지 구축

현대사회에서 필요한 것은 남들과 차별화되는 나만의 이미지를 갖는 것이다. 차별화된 이미지를 위해 성형이 필요한 것은 아니다. 내가 가지고 있는 장점을 활용한 남들과 차별화된 화장법, 나의 얼굴형과 어울리는 헤어스타일 구축, 나의 단점을 커버할 수 있는 옷차림의 발견만으로도 나만의 차별화된 이미지를 구축할 수 있다. 이를 위해서는 내가 남들과 차별화되는 외적인 강점과 약점을 알아보고 발전해 나갈 수 있는 방법을 알아보는 것에서부터 시작한다.

(3) 목표를 세분화하고 구체화하라

자신이 이루고자 하는 목표를 세분화하고 구체화시켜야지 목표에 가까이 갈 수 있다.

목표는 개인이 의식적으로 얻고자 하는 사물이나 혹은 상태를 말하며, 장래 어떤 시점에 달성하려고 시도하는 것이다. 즉, 성과와 관련된 작업행동의 가장 직접적인 선행조건으로 목표를 들고 있다. 목표는 개인이 달성하려고 시도하는 것으로서 행위의 목적, 또는 계획이며 그 개념은 목적, 의도와 비슷하다. 이러한 의식적인 생각이 사람의 행동을 조절하기 때문에, 목표를 설정하는 것은 동기와 수행 모두에서 효과적인 것으로 알려졌다. 목표를 달성하기 위해서는 목표를 세분화시키고 구체적으로 정하는 과정이 필요하다.

(4) 퍼스널 브랜드의 자신감을 갖고 홍보해라

남들에게 자신감 있게 홍보할 수 있는 퍼스널 브랜드를 구축하였다면, 브랜드를 각인시키기 위해 지속적이고 꾸준하게 반복적으로 노출해야 한다. 디지털 시대인 만큼 블로그, 인터넷매체, SNS, 뉴스레터, 휴대폰 등 매체들을 활용해 좋은 정보를 나누는 것도 좋은 방법이다.

(5) 지속적으로 관리해라

자신을 단련하는 일을 게을리하지 않는 사람이 퍼스널 브랜드를 유지할 수 있다. 자신이 목표로 삼고 있는 퍼스널 브랜드가 유지되고 있는지 주기적으로 스스로를 평가해야 한다. 또한 타인의 평가도 받아야 한다.

MEMO

<SWOT 분석>

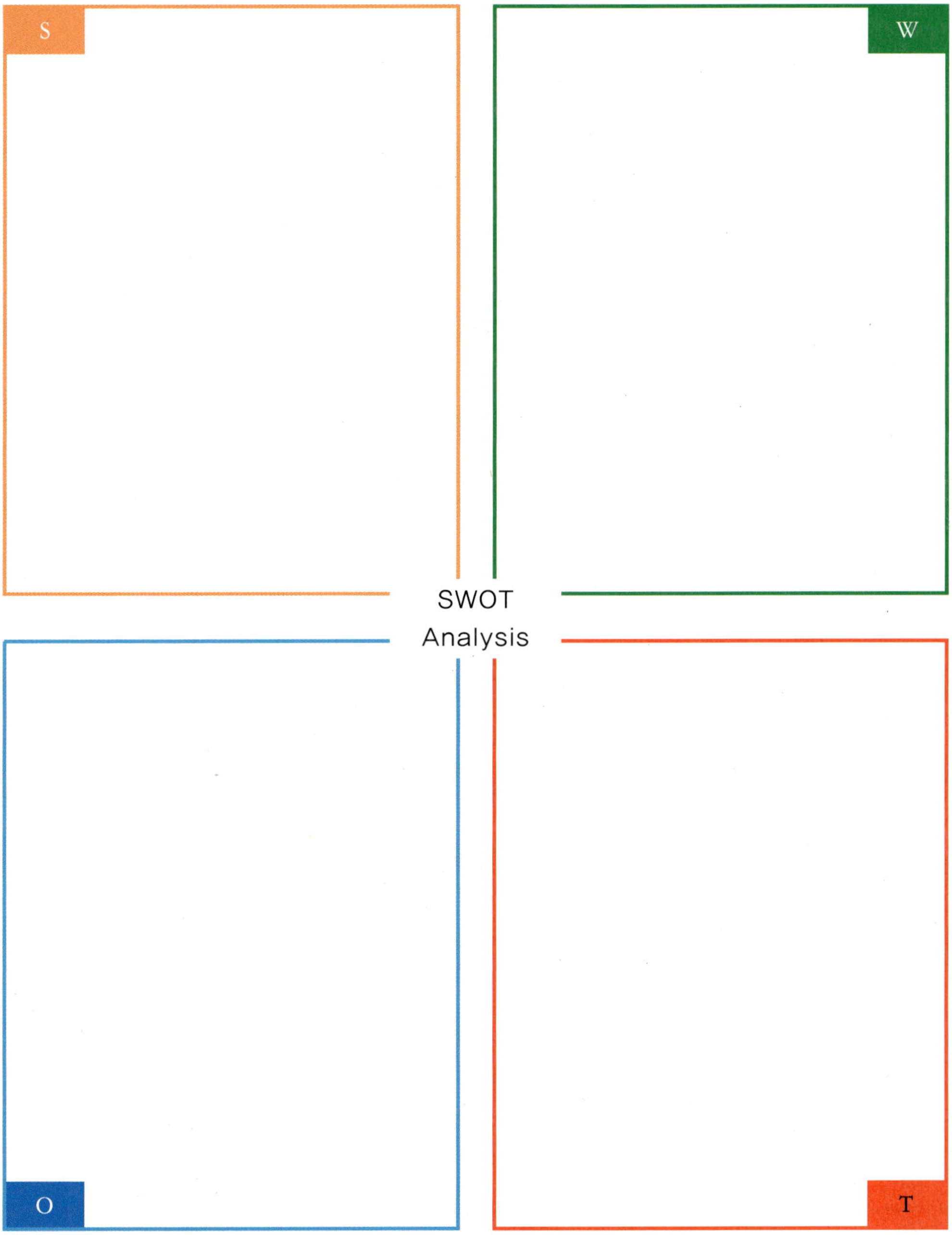

※ S(Strength): 강점

W(Weakness): 약점

O(opportunity): 기회

T(Threats): 위협

MEMO

<퍼스널 브랜드 구축을 위한 구체적 전략 수립>

항목	최종 목표
목표 달성을 위해 가장 필요한 것	현재 어학 성적: 목표 어학 성적:
목표 달성을 위한 구체적 계획	1학년 1학기: 여름방학: 1학년 2학기: 겨울방학: 2학년 1학기: 여름방학: 2학년 2학기: 겨울방학:
외적 이미지 점검	키 : 몸무게 : 스타일 :
목표 이미지(내적 · 외적 롤모델)	외적 롤모델: 내적 롤모델:
목표 이미지 달성을 위한 나의 전략	

CHAPTER

02

국내 항공사 객실승무원의 용모와 복장

학습목표

1. 항공기 객실승무원의 용모와 복장의 중요성에 대해 알아본다.
2. 각 항공사의 유니폼 및 헤어와 메이크업 규정에 대해 알아본다.
3. 올바른 유니폼 착용 방법에 대해 알아본다.

MEMO

01절 항공기 객실승무원의 용모와 복장의 중요성

1) 용모와 복장

용모란 겉으로 드러나는 전체적인 모습을 말하며 용모가 단정하면 자기관리를 잘하는 사람으로 비춰진다. 복장은 옷차림을 뜻하며 사람들은 그 사람의 옷차림을 보고 예의가 있는지 없는지를 판단한다. 그래서 때와 장소에 알맞은 옷차림을 하는 것이 중요하다. 단정한 용모와 복장은 비즈니스의 기본으로 상대에 대한 본인의 첫인상이며 그에 따라 타인의 신뢰와 일의 성과도 좌우된다.

> 100명에게 용모복장에 관해 실험을 했다. 좋은 옷차림을 하고, 호텔문으로 다른 손님과 동시에 들어오면 94%가 좋은 옷차림의 사람에게 양보해 주었고, 동일인물에게 허름한 옷차림으로 똑같은 실험을 한 결과 82%는 양보하지 않고, 심지어 약 5%는 욕설까지 했다.

2) 용모와 복장의 중요성

① 첫인상과 신뢰감을 전달해 준다

용모와 복장은 겉으로 드러나는 첫인상을 판단하는 데 있어 중요한 역할을 한다. 이로써 결정된 첫인상은 신뢰감을 형성하기도 하고 비즈니스의 성공 여부에도 영향을 미친다.

② 자신에 대한 자신감이 생긴다

단정하고 깔끔한 용모복장을 하면 타인과 만남 시 자신감이 생기고 마음가짐이 달라진다.

③ 업무 성과를 높여준다

단정한 용모와 복장은 비즈니스의 기본으로 상대에 대한 본인의 첫인상이며 예의이

MEMO

다. 그에 따라 타인의 신뢰도가 형성되어 업무의 성과를 높여준다.

④ 조직 내 전체 이미지를 제고시킨다

나의 단정한 용모와 복장이 그 회사의 이미지로 평가될 수 있다.

3) 항공기 객실승무원의 용모와 복장

항공기 객실승무원은 항공사를 대표해 고객과 최접점에서 서비스하는 중요한 인적 서비스요인이다. 고객에게 호감을 줄 수 있는 단정한 용모와 복장은 항공사의 이미지에도 긍정적인 영향을 미친다. 따라서 자신의 개성 표현도 중요하지만 각 항공사의 규정에 맞는 용모와 복장 규정을 따라야 한다.

각 항공사의 승무원은 유니폼을 입고 출・퇴근하며 개인에 따라 회사에서 환복을 하기도 한다. 하지만 출・퇴근 시 유니폼을 입고 있다면 자신이 그 항공사를 대표한다고 인식하여 메이크업, 머리 모양, 유니폼 상태, 액세서리 등 청결하고 단정한 승무원의 이미지를 제고하고자 노력해야 한다.

MEMO

02절 각 항공사 헤어와 메이크업

항공사마다 어울리는 메이크업과 헤어스타일은 다양하다. 각 항공사 유니폼에 어울리는 메이크업과 헤어스타일에 대해 알아보자.

1) 대한항공

(1) 유니폼 - 스카이 블루, 베이지

출처: 대한항공 홈페이지

- 이탈리아 디자이너 지앙코페레의 작품으로 국적기의 이미지를 살린 동양적 색채를 유니폼에 적용함으로써 화사하고 단아함 속에 세련된 이미지를 추구하였다.
- 상의 재킷과 블라우스를 청자색과 화이트의 두 컬러로 조화롭게 입도록 다양성을 가미하였다.
- 하의는 바지와 스커트로 승무원에게 선택의 폭을 줌과 동시에 고객에게 다양한 이미지를 제공할 수 있다.

MEMO

(2) 대한항공 메이크업

유니폼 색	스카이 블루, 베이지
선호색	민트, 피치, 핑크
메이크업	밝고 화사한 이미지 강조

출처: 대한항공 홈페이지

- 메이크업베이스: 내추럴한 색상으로 톤정리를 한다.
- 피부메이크업: 커버력이 있는 제품을 선호하고 BB크림, CC크림을 사용해도 무방하나 피부의 잡티가 커버될 수 있을 정도의 화사한 톤의 파운데이션을 사용하면 좋다.
- 눈썹: 과하지 않게 그리는 게 좋으며 색상은 모발색과 맞추어 선택하면 좋다.
- 아이섀도: 하얀 피부라면 어느색이나 잘 어울리지만 노란계열의 피부는 민트색상을 자제하고, 오히려 연한 핑크색 계열이 더 낫다. 붉은기가 있는 피부는 피치나 민트계열의 컬러로 쌍커풀 라인에 자연스럽게 그라데이션시킨다.
- 립컬러: 밝은 아이섀도와 어울리게 살구색이나 핑크컬러가 좋다. 립글로스로 마무리한다.

MEMO

Tip

대한항공 승무원 메이크업의 하이라이트는 볼터치이다. 과도한 펄을 쓰거나 하이라이트를 쓰는 것은 금물이며 웃었을 때 볼록 튀어나오는 부분에 은은하게 볼터치를 한다. 하얀 피부는 핑크계열, 노란 피부는 피치계열이 좋고, 붉은 피부는 가급적 볼터치를 피하나, 얼굴이 작아 보이게 하고 싶다면 파운데이션 색보다 한 톤 낮은 색으로 광대와 턱선에 그라데이션을 해준다.

(3) 대한항공 헤어스타일

① **숏커트**

대한항공 승무원 머리 규정에는 숏커트가 포함되어 있다. 대한항공 승무원이 숏커트일 경우 지나치게 짧아서도 안 되고 남성적 이미지가 풍기는 스타일도 안 된다. 또한 앞머리가 허용되긴 하나 눈을 가린다거나 지저분하고 덥수룩해 보이면 안 된다. 아무리 짧은 머리일지라고 머리를 고정하여 흘러내리지 않도록 단정한 이미지를 연출해야 한다.

② **보브컷**

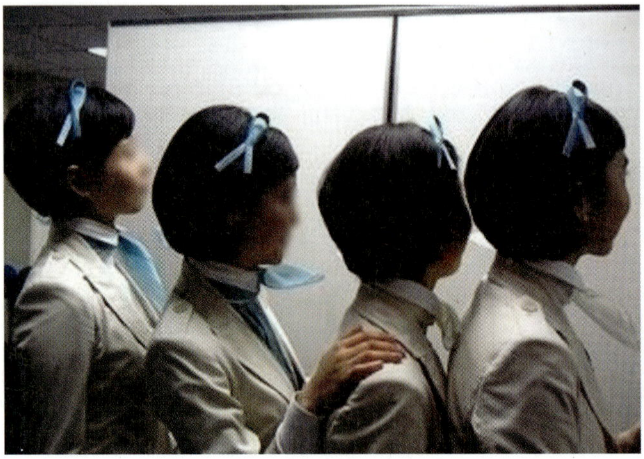

MEMO

대한항공 승무원의 보브컷 헤어스타일은 어깨선을 넘어서는 안 되고 가지런하게 정돈되어 있어야 하며 뒷머리 또한 지저분하지 않게 지속적으로 정리해 주어야 한다. 앞머리가 있을 경우 눈을 가리지 않아야 하며 서비스 시 앞머리나 옆머리가 흘러내리지 않도록 귀 뒤로 고정시켜야 한다.

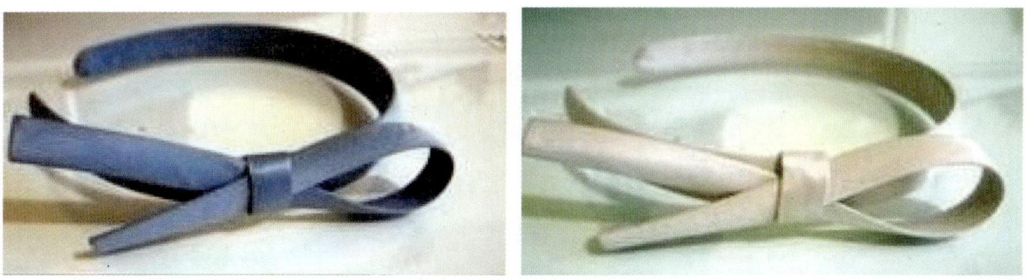

<대한항공 헤어밴드>

헤어밴드 사용은 보브컷 헤어스타일에 한하여 사용한다.

③ **쪽머리**

출처: 대한항공 홈페이지

MEMO

대한항공 승무원들이 가장 많이 하는 헤어스타일이다. 가르마는 자유롭게 원하는대로 탈 수 있으며 평소 자신의 얼굴형에 제일 잘 어울리는 가르마를 이용하여 쪽머리를 한다. 뒷머리는 반드시 검은색 고무줄로 묶은 후 그물망을 사용하여 태극 문양의 쪽머리를 만든다. 목 뒷부분은 잔머리가 흘러내리지 않도록 왁스나 스프레이로 고정하고 보조핀은 2개까지만 허용하며 앞머리 윗부분은 보조핀 사용을 금지하고 있다.

<대한항공 승무원 머리핀 앞면>

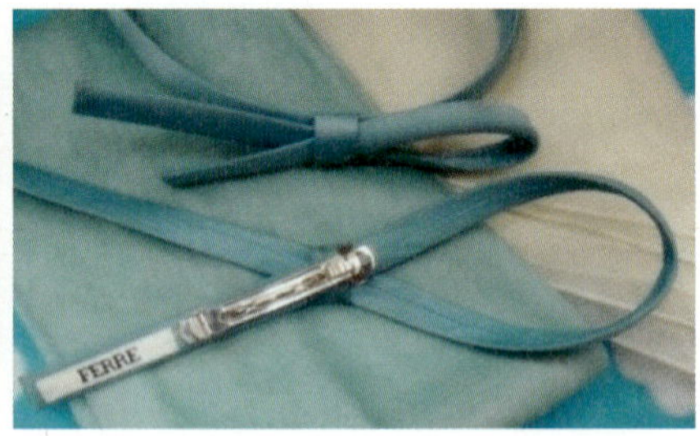

<대한항공 승무원 머리핀 뒷면>

대한항공 승무원 머리핀은 청자색과 아이보리색이 있고 뒷면은 흔히 사용하는 머리핀의 모양을 하고 있다. 이 머리핀을 오른쪽 사진과 같이 쪽머리 위에 꽂으면 된다.

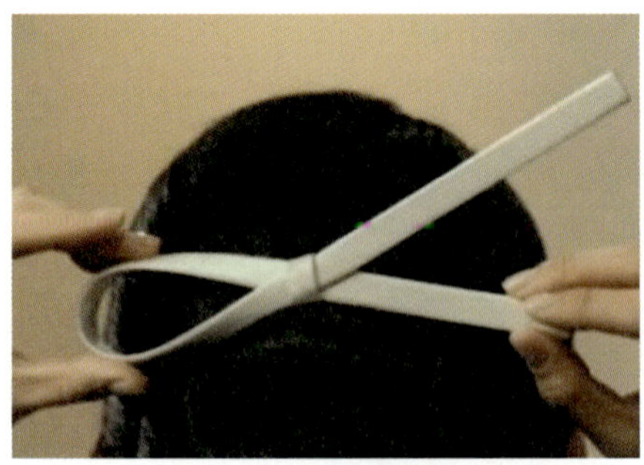

④ **소라머리**

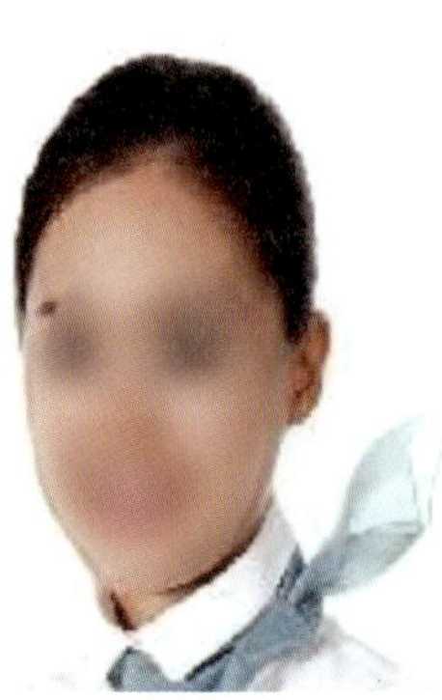

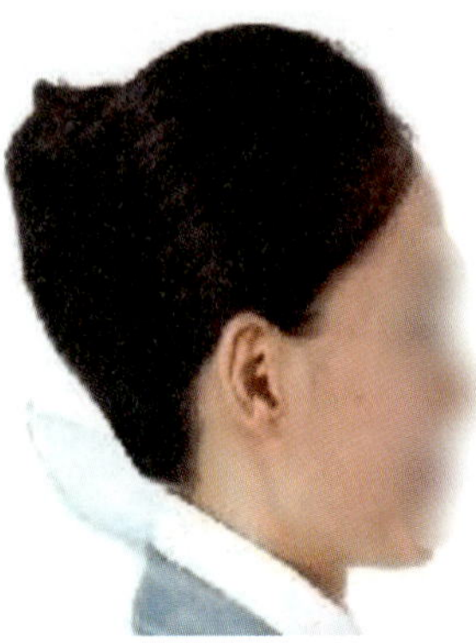

MEMO

싱가폴항공 승무원들이 많이 하는 소라머리 헤어스타일이 대한항공에서도 가능하다. 올림머리 스타일 중 하나인데, 앞에서 보면 쪽머리와 크게 차이는 없지만 뒷모습은 다르다. 소라머리 스타일도 쪽머리와 마찬가지로 잔머리 없이 깔끔하게 정돈되어야 한다.

그 외에도 대한항공은 묶는 형, 땋는 형의 헤어스일 연출이 가능하다.

2) 아시아나

(1) 유니폼 - 웜그레이, 브라운, 색동

출처: 아시아나 홈페이지

- 2003년 국내 디자이너 진태옥의 작품으로 회색과 갈색을 베이스로 한국전통의 색동무늬 사용으로 한국의 아름다움과 고급스러움을 추구하였다.
- 니트 소재는 동복 재킷과 함께 착용하고 블라우스와 스카프는 하복 반팔 재킷과 혼용하여 착용한다.

MEMO

(2) 아시아나항공 메이크업

유니폼 색	웜그레이, 브라운, 색동
선호색	누드브라운, 피치
메이크업	여성미를 강조하며 세련되고 우아한 이미지를 강조

- 피부메이크업: 피부 톤과 동일한 톤의 제품을 사용한다. 커버력이 우수하며 두꺼워 보이지 않게 연출하고 컨실러를 이용하여 스폿을 커버해야 하며 내추럴한 피부 톤을 선호한다.
- 눈썹: 표준형의 눈썹에 다크브라운 컬러로 두껍지 않게 연출한다.
- 아이섀도: 골드 색상이나 브라운색을 선호하고 피부가 하얀 편이라면 피치계열, 붉은 피부나 노란 피부는 골드색상이나 브라운계열 색상을 사용한다. 스모키나 블루 그린계열의 아이섀도 색상은 피한다.
- 립스틱: 핑크, 피치 톤(대한항공 립메이크업보다 좀 더 색감이 있는 컬러 선택)
- 볼터치: 한 듯 안 한 듯 자연스럽게 연출하고 셰이딩으로 마무리해준다.

(3) 아시아나항공 헤어스타일

출처: 아시아나 홈페이지

MEMO

아시아나항공은 유니폼에 모자가 포함되어 있기 때문에 보브컷보다는 가르마가 없는 쪽머리를 선호한다. 과하게 백 코밍을 사용하면 오히려 얼굴이 커 보이는 역효과가 있으므로 자신의 얼굴형에 맞게 적당하게 백 코밍을 사용하여 올림머리를 하며 잔머리가 없이 깔끔하게 연출해야 한다.

3) 진에어

(1) 유니폼 - 연두색, 흰색

- 국내 항공사 중 유일하게 청바지(까레라진)를 유니폼으로 착용하였다.
- 연두색 또는 흰색 셔츠를 기본으로 착용하고 사무장급 이상의 경우 흰색 셔츠에 검은색 재킷을 착용한다.
- 남성 객실승무원은 검정 셔츠를 기본으로 착용하고 사무장급 이상일 경우 검정 셔츠에 검은색 재킷을 착용한다.
- 신발은 기존 컨버스 운동화에서 스니커즈로 바뀌면서 활동성과 세련미를 더했다.

MEMO

(2) 진에어 메이크업

유니폼 색	연두색, 흰색
선호색	누드계열, 핑크
메이크업	자연스러움을 강조한 메이크업

- 피부메이크업 : 파운데이션과 파우더 소량만을 사용하고 자연스러운 피부 표현을 위한 BB크림, CC크림 사용을 권장한다.
- 눈썹 : 자연스러운 눈썹으로 자신의 모발색상에 맞춘 컬러 권장, 아이펜슬 사용보다 섀도 사용을 권장한다.
- 아이섀도: 펄감 없는 누드컬러를 선호하는데, 퍼플, 브라운, 블루 등과 같이 진한 컬러는 자제(피치, 연한 핑크, 하늘색)한다.
- 립: 핑크, 피치계열을 사용하고 립글로스로 마무리한다.

(3) 진에어 헤어스타일

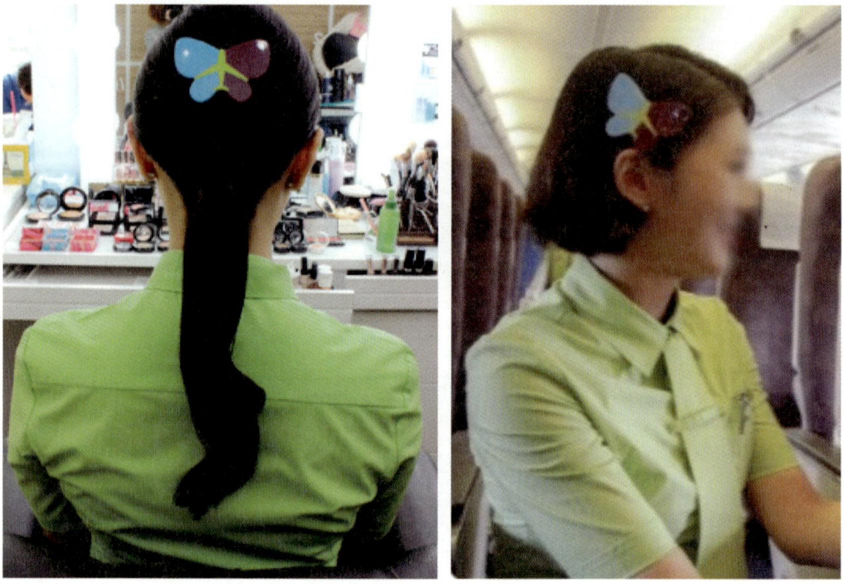

진에어는 타 항공사와는 차별화되는 헤어스타일로 포니테일과 보브컷 헤어스타일을 추구한다.

MEMO

포니테일은 너무 높지 않게 묶어주고 백 코밍을 이용하여 볼륨감을 채워주는 것이 포인트이며 헤어끈이 보이지 않도록 남은 헤어를 돌려 깨끗하게 마무리한다. 보브컷 헤어는 옆쪽에 진에어 헤어 액세서리를 착용하고 포니테일 헤어는 묶은 머리 위에 액세서리를 착용한다.

4) 제주항공

(1) 유니폼 - 아이보리, 주황색

- 제주항공의 유니폼은 아리보리색을 기본으로 제주항공의 포인트 색상인 주황색의 스카프와 조화를 이루어 경쾌한 느낌을 준다.
- 창립 12주년을 맞아 2017년 액세서리를 새롭게 디자인하였다. 새로 디자인한 액세서리는 운항승무원은 넥타이, 객실승무원은 넥타이와 스카프 등이다. 이번 액세서리 디자인 변경의 핵심은 돌과 섬, 파도(바람) 등의 새로운 BI를 바탕으로, 빛의 파장과 반복되는 직선을 통해 세계로 뻗어나가는 제주항공의 성장을 담아냈다. 또 실크 소재와 입체적인 패턴을 활용해 고급스러움을 표현했다.

MEMO

• 여성 승무원이 착용하는 스카프는 다양한 방법으로 연출이 가능하다.

(2) 제주항공 메이크업

유니폼 색	아이보리, 주황
선호색	피치, 오렌지
메이크업	자연스러운 메이크업을 선호하나 유니폼 색상에 맞춘 컬러 선택

• 피부메이크업: 피부 톤보다 조금 화사한 컬러를 선택한다. 두껍지 않은 파운데이션을 사용한다.
• 눈썹: 자기 눈썹 모양에 맞게 깔끔하게 그려준다. 과도한 노즈섀도는 피하고 각진 눈썹 또한 피한다.
• 아이섀도: 오렌지컬러나 피치컬러가 무난하며 쌍꺼풀이 없는 경우에는 브라운계열을 사용하여 좀 더 깊은 눈매 연출이 필요하다.
• 립: 핑크, 피치 등 무난하나 너무 글로시하지 않게 연출한다.

(3) 제주항공 헤어스타일

• C커브의 가르마를 이용한 쪽머리를 선호한다.
• 백 코밍을 이용한 자신의 얼굴형과 어울리는 볼륨을 이용하여 깔끔하고 잔머리가 없는 헤어를 연출한다.
• 쪽머리를 선호하나 앞머리가 있는 단발머리도 허용된다. 하지만 헤어 액세서리는 따로 지급하지 않는다.

MEMO

5) 이스타항공

(1) 이스타항공 - 네이비, 버건디 레드

- 이스타항공 유니폼은 사회적 기업인 '참 신나는 옷'이라는 동대문 업체에서 유니폼을 제작하였다.
- 네이비와 버건디 레드컬러로 포인트를 주어 고급스러움과 한국적인 미가 느껴진다.
- 한복 저고리를 형성화해서 재킷을 만들었고 한복 치마 매듭 부분을 변형시켜 스커트허리 부분을 디자인했다.

(2) 이스타항공 메이크업

- 피부메이크업: 자신의 피부보다 밝은 파운데이션을 사용한다. 잡티는 컨실러를 사용하여 가려준다.
- 눈썹: 자신의 얼굴형에 맞는 자연스러운 눈썹을 그리나 각진 모양이나 너무 진한 눈썹 표현은 지양한다.
- 아이섀도: 핑크나 피치톤을 사용하여 자연스럽게 눈매를 연출하고 아이라이너를 사용하여 눈매를 또렷하게 만든다.

MEMO

• 립: 붉은 계열의 립컬러를 사용한다.

(3) 이스타항공 헤어스타일

• 이스타항공의 헤어스타일은 타 항공사에 비해 자유롭게 연출이 가능하다.
• C커브 가르마를 이용한 쪽머리, 보브컷, 앞머리가 내려오는 쪽머리, 앞머리가 내려오는 단발머리도 가능하나 서비스 시 머리가 흘러내려 오거나 단정한 인상을 주지 않는 헤어 스타일은 지양하도록 한다.

6) 올바른 항공사 유니폼 착용방법

유니폼은 기업의 이미지이다. 착용 전 착용기준 및 규정을 바르게 알고 유니폼을 착용하여 품위 있고 회사의 이미지를 실추시키지 않도록 조심해야 한다.

(1) 유니폼 착용수칙

• 임의 변경불가
• 다림질하여 착용
• 청결 유지
• 개인부착물 패용 금지

(2) 유니폼 착용 시 유의사항

• 유니폼 착용 출 · 퇴근 가능
• 유니폼 착용 공항 식당 이용 가능
• 유니폼 착용 쇼핑이나 공항 식당 이외의 식당에서 식사 불가능(주류 포함)
• 유니폼 착용 이동 시 취식 금지
• 안경 착용 금지
• 시력교정 필요 시 콘택트렌즈 사용 가능
• 컬러 렌즈, 서클 렌즈 착용금지
• 밝은색의 염색 금지

MEMO

(3) 유니폼 착용기준

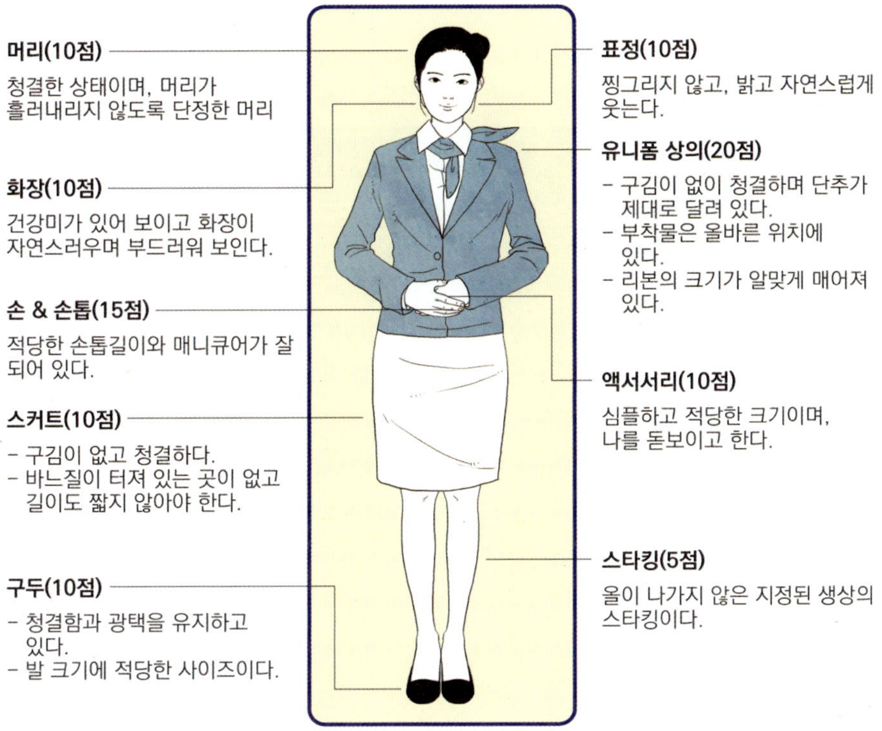

(4) 속옷

속옷은 비치지 않도록 누드 또는 살색을 착용하고 반드시 이너웨어(innerware)를 입어서 버튼 사이나 블라우스에 비춰 속옷이 비치지 않도록 주의한다.

(5) 블라우스

블라우스는 단추를 모두 채워야 하며 구김이 없도록 입기 전날 다림질을 해 두어야 한다. 또한 색상이 변색되면 다시 지급받아 깔끔하고 청결하게 관리해야 한다.

(6) 스타킹

스타킹은 살색이나 커피색을 신도록 하며 올이 나갈 경우를 대비해 항상 1개 이상의 여유분을 가지고 다닌다.

MEMO

또한 스타킹색이 옅어 맨살이 보일 수 있으니 종아리는 제모를 하고 입을 수 있도록 한다.

(7) 액세서리 착용기준

구분	내용
구두	회사에서 지급한 구두만 착용 가능하며 구두 굽 및 청결도 유지
귀걸이	특정로고나 있거나 안전에 위배되는 흔들리는 디자인 금지
반지	2개 이하의 반지 착용이 가능하나 보석이 튀어나와 안전을 저해하는 디자인 금지
시계	• 스테인리스 스틸, 검정, 남색, 갈색 가죽 끈의 시계 착용 가능 • 너무 화려한 디자인, 스포츠형 시계 금지

CHAPTER

03

항공기 객실승무원의 자세

학습목표

1. 항공기 객실승무원의 바른 자세와 선 자세에 대해 알아본다.
2. 항공기 객실승무원의 인사 종류에 대해 알아본다.
3. 항공기 객실승무원의 바르게 앉는 자세에 대해 알아본다.
4. 항공기 객실승무원의 워킹자세에 대해 알아본다.

MEMO

01절 항공기 객실승무원의 바른 자세와 선 자세

머라이언(Mehrabian) 박사에 의하면 '한 사람의 자세는 상대방에 대한 그 사람의 태도를 나타낸다.'라고 했다. 누군가에게 보여지는 나의 태도는 상대방을 존중하는 느낌을 주기도 하고 또는 무관심해 보이거나 부정적인 느낌을 전달하기도 하기 때문에 항공기 객실승무원의 바른 자세는 중요하다. 항공기 객실승무원의 바른 자세는 항공기에 탑승하는 손님에게 좋은 인상을 심어 주기도 하고 항공사의 이미지에 영향을 미치기도 한다.

1) 항공기 객실승무원의 바른 자세

바른 자세란 자연적인 척추의 곡선을 유지한 상태에서 척추를 똑바로 세우는 자세이다. 그러기 위해서는 그저 꼿꼿이 서 있기만 하는 것이 아니라 뼈, 근육, 힘줄, 인대 등의 조직에 무리한 힘이 가해지지 않도록 해야 한다.

흔히 바른 자세는 몸이 불편해 실천하기가 쉽지 않다고 말한다. 하지만 바른 자세는 몸에 무리가 덜 가게 되어 우리 몸을 편안하게 만들어 준다. 나쁜 자세가 편하게 느껴지는 것은 그 자세에 익숙해졌기 때문이다. 따라서 바른 자세를 만들도록 의식적으로 노력하는 것이 필요하다.

2) 바른 자세의 효과

① 바른 자세는 자신감을 높여 준다

연구 결과에 따르면 올바른 자세로 운동할 경우에 몸을 구부정하게 할 때보다 자존감이 더 생기고 자신이 갖춘 능력에 대해 믿음이 더 생기는 것으로 나타났다.

② 활력을 높여 준다

바이오피드백 저널(Journal Biofeedback)에 실린 연구에 따르면 바른 자세로 서거나 앉

MEMO

으면 원기를 다시 회복하고 잘못된 자세에서 오는 무력감에서 벗어날 수 있다고 한다.

③ **스트레스를 줄여준다**

건강심리학(Health Psychology)에 발표된 최근 연구 결과는 맡은 일이 지지부진할 때 바른 자세로 앉으면 부정적인 감정이 줄어들 수 있다고 한다. 게다가 올바른 자세는 기분을 좋게 해준다.

④ **업무 능률을 높여준다**

단순히 앉아 있는 자세를 바꾸기만 해도 업무 능률이 높아진다. 올바른 자세는 신체를 펴주고 뇌에 당신이 지금 힘 있는 자리에 있다는 신호를 준다. 이는 테스토스테론 분비를 늘려 생산성을 향상해준다고 앙트레프레너(Entrepreneur)는 보도했다.

⑤ **편안한 숨을 쉴 수 있게 해준다**

구부린 자세로 있을 때 신체를 드나드는 공기의 흐름이 억제된다. 똑바로 앉으면 산소 흡수량이 30%까지 는다고 리얼 심플(Real Simple)은 전했다. 좋은 자세는 가슴을 열어 우리 신체와 뇌에 더 많은 산소를 공급해 활력을 증대시킨다. 게다가 좋은 호흡을 통한 산소 유입 증대는 신체를 이완시키는 아주 자연스러운 방법이다.

3) 항공기 객실승무원의 바르게 선 자세

- 등이 굽지 않도록 일직선으로 허리를 세운다.
- 시선은 정면을 향하고 턱은 아래로 살짝 당긴다.
- 가슴을 편 상태에서 골반이 기울지 않도록 한다.
- 이때 목과 어깨, 허리에는 힘을 빼야 한다.
- 아랫배와 엉덩이에 힘을 주어 위로 끌어당긴다.

MEMO

① 여성 공수 자세

- 여성은 오른손이 위로 가도록 하여 앞으로 모은다.
- 여성은 양발과 무릎에 힘을 주어 붙인다.

② 남성 바르게 선 자세

- 남성은 팔은 몸체에 붙이고, 손은 주먹을 살짝 쥐어 바지선에 붙인다.
- 남성은 발뒤꿈치는 붙이고 앞발은 약 30°정도 벌린다.

③ 바르지 못한 자세

- 짝다리로 서 있거나 안짱다리로 서 있는 자세
- 팔짱을 끼고 있거나 주머니에 손을 넣고 있는 자세

MEMO

02절 항공기 객실승무원의 인사 종류

1) 인사

인사는 예절 가운데 가장 기본이 되는 표현으로 상대방을 인정하고 존경하며 반가움을 나타내는 형식의 하나이다. 또한 인간관계의 시작이며 끝이기도 하고 상대방에 대한 존중의 표현이다. 또한 성공적인 인간관계의 열쇠이기도 한다. 인사는 사회생활에서 매우 중요하며 자신을 예의 바른 사람으로 인정받게 할 수 있는 지름길이다.

항공기 객실승무원은 유니폼을 입고 있어 주위의 시선을 한몸에 받는다. 항공기 객실승무원은 자신의 항공사 객실승부원과 회사 직원에게 반드시 인사를 헤야 하며 타 항공기 객실승무원과 눈이 마주치면 눈인사 정도는 하는 것이 예의이다. 또한 대중교통 탑승 시 운전기사에게, 엘리베이터에서는 타인에게 먼저 인사하는 것이 예의이다. 항공기 객실승무원은 그 회사의 이미지이다. 상대에게 먼저 밝게 인사하는 것이 상대방에게 긍정적인 이미지를 심어줄 수 있다.

2) 인사의 마음가짐과 자세

- 정성과 감사의 마음을 가진다.
- 예절 바르고 정중하게 인사한다.
- 얼굴 표정은 밝게 하고, 상냥하게 인사한다.
- 몸가짐을 단정히 하여 인사한다.
- 즐거운 마음으로 인사한다.
- 인사의 기회는 극히 순간적이므로 시기를 놓치지 말고 적기에 행한다.
- 상대가 “나의 인사를 받아줄 것인가”라는 생각은 절대 금물이다.
- 인사는 당당하고 자신 있게 해야 한다.

MEMO

3) 인사의 종류

① **목례**(15° **인사**)

- 가벼운 인사, 협소한 장소에서 하는 인사
- 가까운 동료나 하급자에게 인사하는 경우
- 좁은 공간에서 하는 인사(엘리베이터, 계단, 복도 등)
- 낯선 어른에게 인사하는 경우
- 한 번 인사를 한 상사를 또 다시 만난 경우

② **보통례**(30° **인사**)

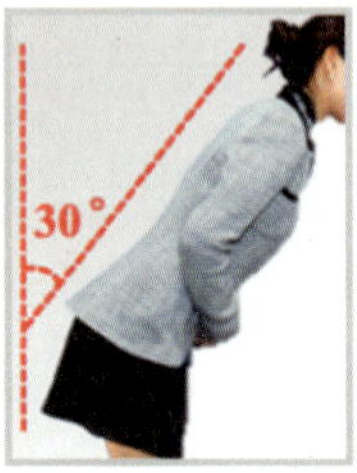

- 일반적인 일상생활에서 많이 하는 인사
- 상사나 윗사람에게 하는 인사
- 고객을 맞이하거나 배웅할 때 하는 인사

③ **정중례**(45° **인사**)

- 정중한 인사로 의식행사에서 또는 높은 사람에게 하는 인사
- 국빈, 국가의 원수, 집안의 어른 등에게 하는 인사
- 감사 또는 정중히 사과할 때 하는 인사

4) 인사방법

- 목과 허리가 일직선이 되도록 정면을 향해 바른 자세로 서고 턱을 살짝 당긴다.
- 여성은 공수자세를 취한다. 남성은 손을 바지 봉제선에 붙인다.
- 눈을 맞추고 웃는다(Eye Contact & Smile).
- 허리와 고개를 천천히 숙인다.

MEMO

- 정해진 각도에서 1초간 잠시 멈춘다.
- 천천히 상체를 일으킨다.
- 다시 한 번 눈을 맞추고 웃는다(Eye Contact & Smile).

5) 고객접점별 인사법(예: 항공사)

구분	인사말
환영	• 안녕하십니까? • 어서오십시오. • 반갑습니다.
자리 안내	• 좌석 안내해 드리겠습니다. • 안내해 드리겠습니다. • 손님 좌석은 이쪽입니다.
비행 중	• 무엇을 도와드릴까요? • 언제든지 필요하시면 말씀해 주십시오.
하기 시	• 안녕히 가십시오. • 다음에 또 뵙겠습니다. • 즐거운 여행 되셨습니까? • 안전한 여행 되십시오.

6) 인사를 생략해도 되는 경우

- 위험한 작업 중일 경우
- 상사에게 결재 중이거나 주의를 받고 있을 때
- 회의 중이거나 교육 중일 경우
- 중요한 상담 중일 경우

MEMO

7) 바르지 못한 인사

- 인사를 할까 말까 망설이다 쭈뼛거리며 하는 인사
- 고객만 까딱하는 인사
- 무표정하게 말로만 하는 인사
- 공손히 지나친 인사
- 쑥스럽다고 몸을 비틀며 하는 인사

생각해 봐요

각 상황에 맞는 인사법은?

1. 화장실에서 상사를 만났을 때 하는 인사

2. 손님께 실수를 하였을 때 사죄하는 마음으로 하는 인사

3. 일반적으로 하는 인사

4. 상사가 결재 중일 때 하는 인사

MEMO

03절 항공기 객실승무원의 바르게 앉는 자세

1) 바르게 앉는 자세

(1) 여성

- 한쪽 발을 반보 뒤로 하고 몸을 비스듬히 하여 어깨 너머로 의자를 보면서 뒷스커트를 손으로 감싸며 의자 뒤 주먹 크기 정도 띄우고 앉는다.
- 뒤쪽에 있던 발을 앞으로 당겨 두 발을 가지런히 모은다.
- 다리는 자신의 편한 쪽 사선으로 두어 다리를 길어 보이게 한다.
- 양 손을 모아 무릎 위에 스커트를 누르듯이 가볍게 올려 놓는다.
- 어깨는 펴고 시선은 정면을 향하여 바라본다.
- 의자에 등은 붙이지 않는다.
- 일어설 때는 몸이 흔들리지 않도록 양 발에 힘을 주어 한 번에 일어선다.

MEMO

(2) 남성

- 의자의 반보 앞에 바르게 선 자세에서 한 발을 뒤로 하여 의자 깊숙이 앉으나 기대지는 않는다.
- 발을 허리만큼 벌리고 양 손은 주먹을 가볍게 쥐어 양 무릎 위에 올린다.
- 어깨를 펴고 시선은 정면을 향하도록 한다.
- 일어설 때는 몸이 흔들리지 않도록 양 발에 힘을 주어 한 번에 일어선다.

(3) 바르지 못한 자세

- 의자 등받이에 등을 기대거나 의자 끝에 걸터 앉는다.
- 등을 구부리고 앉는다.
- 다리를 벌리고 앉거나 짧은 치마를 입고 다리를 꼬고 앉는다.
- 다리를 X자로 하고 앉는다.
- 앉을 때 여러 번에 걸쳐 고쳐 앉는다.

MEMO

04절 항공기 객실승무원의 워킹 자세

평소에 자세를 바르게 하는 것이 중요한다. 워킹 자세는 각자가 가지고 있는 평소의 습관과 기본자세에서 배어 나오게 된다.

걸음걸이가 반듯한 사람은 자신감 있어 보이며 밝은 이미지를 주게 된다.

1) 워킹 자세

- 등을 쭉 펴고, 턱을 가볍게 당긴다.
- 배에 힘을 주고 시선은 정면을 주시한다.
- 손은 손바닥에 달걀 하나를 가볍게 쥔 느낌으로 주먹을 쥔다.
- 머리 위에서 끌어 당긴다는 생각을 갖으면 좀 더 당당하게 워킹할 수 있다.
- 팔은 평상시와 같게 자연스럽고 부드럽게 움직인다.
- 보폭은 자연스러운 너비로 워킹한다.
- 1자로 걷는 것이 아니라 11자로 걷는다.
- 엉덩이가 흔들리지 않도록 유의한다.
- 자신감을 갖고 걷는다.

2) 바르지 못한 워킹 자세

- 턱을 빼거나 고개를 숙이고 걷는다.
- 어깨를 굽히고 상체를 흔들며 걷는다.
- 주머니에 손을 넣고 걷는다.
- 팔자로 걷는다.
- 지나치게 높은 굽을 신어 부자연스럽게 걷는다.

MEMO

생각해 봐요

항공기 객실승무원이 워킹하기 적당한 굽의 높이는 몇 cm 정도일까?

CHAPTER

04

항공기 객실승무원의 매너

학습목표

1. 항공기 객실승무원의 소개 매너(소개하기, 명함 수수, 악수 매너)에 대해 알아본다.
2. 항공기 객실승무원의 직장 매너에 대해 알아본다.
3. 항공기 매너에 대해 알아본다.

MEMO

01절 항공기 객실승무원의 매너

1) 매너의 이해

매너(manners)의 어원과 의미를 살펴보면, 매너는 라틴어의 Manuarius(마누아리스)에서 생겨난 말로 Manus(마누스)는 영어로 Hand, Arius(아리우스)는 More at Manual, More by the Manual을 뜻한다. Manus는 손이라는 의미 외에도 사람의 행동이나 습관이라는 뜻을 내포하며 Arius는 방식, 방법 등을 의미하므로 매너는 사람이 행동하는 방식과 방법 등을 나타낸다. 이는 상대방을 배려하는 마음과 공동체적 생활의식에 근거한 건전한 시민정신으로부터 출발한 것이며, 배려와 자아존중에 대한 형평성에 기초를 둔 것이다.

항공기 객실승무원은 상대방을 배려하는 마음을 근거로 공동체 생활 속에서 고객뿐만 아니라 상사와 선후배에 대한 매너도 갖춰야 한다.

2) 소개하기

사람들은 사회생활을 하면서 늘 다른 사람에게 자신을 소개해야 하고, 또 소개받으며 인간관계를 유지한다.

자신을 알리거나 다른 사람을 소개하는 일은 매우 중요한 일인 만큼 소개에 대한 기본적인 예의가 필요하다.

(1) 소개 순서

- 손윗사람에게 손아랫사람을 소개한다.
  - 지위가 높은 사람에게 지위가 낮은 사람을
  - 연장자에게 연소자를
  - 선배에게 후배를

MEMO

- 이성 간에는 여성에게 남성을 소개한다.
- 기혼자에게 미혼자를 소개한다.
- 손님에게 집안사람을 소개한다.
- 고객에게 회사 동료를 소개한다.

(2) 소개 매너

- 동성끼리 소개말을 주고받을 땐 함께 일어선다.
- 성직자, 연장자, 지위가 매우 높은 사람을 소개받을 땐 남녀 관계없이 일어서는 것이 원칙이다. 다만, 환자나 노령자는 예외다.
- 남성이 여성을 소개받을 때는 반드시 일어선다.
- 여성이 남성을 소개받을 때는 꼭 일어설 필요가 없다.
- 파티를 주최하는 여성(호스티스)은 상대가 남성이라도 일어서는 것이 예의다.
- 동성 간의 소개라면 악수를 하는 것이 보통이지만, 이성 간일 때엔 여성 쪽에서 간단히 목례와 미소를 보내는 것으로 충분하다. 연장자가 악수 대신 간단한 인사를 했다면 연소자도 이에 따른다.
- 우리나라에선 소개를 받으면 명함부터 내밀고 보는 것이 관례지만 외국은 그렇지 않다. 사교 모임에서는 명함을 거의 주고받지 않으니 '오른손으로 악수하며 왼손으로 명함을 꺼내드는' 실수는 하지 않도록 한다.

(3) 소개 후 대화 내용

- 정치, 종교, 금전, 신체와 관련된 내용은 초면인 사람과는 피해야 할 주제들이다.
- 조용히 앉아만 있는 것도 실례다.
- 가족, 직장문제 등 지나치게 개인적인 주제들은 되도록 꺼내지 않는 것이 좋다.

(4) 소개 후 헤어질 때

- 적은 인원의 파티에서 자리를 뜰 땐 소개받았던 모든 이에게 인사를 한다.
- 사람이 많은 파티에선 호스티스, 호스트와 자기 주변의 사람에게만 인사하면 된다.
- 사람들의 주의를 끌지 않도록 작은 목소리로 정중하게 이야기한다.

MEMO

• 작별 인사를 할 때 역시 일어서는 것이 예의다.

각국의 소개 관습

소개에도 나라마다 약간의 차이가 있다.
영국에서는 소개를 신중하게 하는 편이다. 모임에 초대받은 손님은 주최자의 지인이므로 반드시 주최자가 소개하도록 되어 있다. 모임 규모가 큰 경우에는 주최자가 열 명 정도의 소개를 끝마친 뒤 손님끼리 자유롭게 인사를 주고받기도 한다. 프랑스 등 그외 국가에선 주최자의 소개를 기다리지 않고 손님끼리 인사를 나누는 것이 보편적이다.
유럽과 남미에선 자기가 자기를 소개하는 것을 대단히 예의 없는 행동으로 여긴다. 주최자로부터 소개를 받는 것이 최선이며, 그렇지 못했을 땐 다른 이에게 소개를 부탁한다. 남성은 필히 참석한 모든 여성, 연장자, 손윗사람에게 소개를 해야 한다. 나이가 어린 여성은 연장자인 여성 전원에게 소개하도록 되어 있다.

3) 명함 수수 매너

(1) 명함

명함은 프랑스의 루이 14세 때 생겨났다고 전해지며 루이 15세 때에는 지금과 같은 동판 인쇄의 명함을 사용했다고 한다. 이처럼 오랜 역사를 가지고 있는 명함은 사교 및 비즈니스 생활에 있어서 자신을 대신해 주는 역할을 해왔다. 또한 사회생활을 하면서 자신을 소개하고 타인을 소개받을 때 자신을 간략하면서도 정확하게 전달할 수 있는 매체가 명함이다. 명함은 '제2의 얼굴'이므로 구겨지거나 더럽혀지지 않도록 소중히 다루어야 한다.

우리나라 최초 명함 사용자

1883년 한국 최초의 외교사절 민영익, 홍영식, 서광범과 함께 미국을 방문했다가 당시 미국에 남아 학업을 이어갔던 한국인 최초의 미국 유학생 유길준이 우리나라 최초 명함 사용자이다.

MEMO

(2) 명함 건네기

- 명함은 선 자세로 교환하는 것이 매너이며, 테이블 위나 서류 봉투 위에서 손으로 밀지 않는다.
- 상대와 아이 컨택한 후 허리를 굽혀 인사와 함께 오른손으로 주되 왼손을 받쳐서 공손하게 건넨다.
- 일반적으로 명함은 아랫사람이 윗사람에게 먼저 건넨다.
- 상사와 함께 명함을 건넬 때는 상사가 건넨 다음에 건넨다.
- 이름을 가리지 않도록 주의하면서 두 손으로 건넨다.
- 동시 교환 시 오른손으로 건네고 왼손으로 받는다.
- 명함을 건넬 때는 소속회사와 이름을 밝히며 건넨다.
- 명함을 건넬 때 상대가 이름을 바로 읽을 수 있도록 건넨다.
- 세로로 된 명함은 세로로 건넨다.

MEMO

(3) 명함 받기

- 명함은 손바닥 전체로 받는다. 명함 끝부분만 살짝 잡지 않도록 유의한다.
- 명함을 받으며 상대방 성함을 복창하며 관심 있는 표현과 인사말을 한다.
- 명함에 모르는 한자나 영어는 그 자리에서 묻는 것이 좋다. "실례지만, 이 한자는 어떻게 읽습니까?"라고 정중하게 여쭈어 본다(다음 통화나 만남에서 잘못 말하면 큰 실례다).
- 명함을 받은 후에는 바로 지갑에 넣지 않고 탁자에 올려두고 상대방의 직함과 이름을 익히도록 한다.
- 여러 명의 상대와 명함을 교환하는 경우에도 한 사람 한 사람씩 명함을 교환한다. 이때 상대를 혼동하지 않기 위해 받은 명함을 상대가 앉은 위치에 따라 나란히 놓아도 된다.

(4) 명함 교환 시 부적절한 태도

- 명함을 이리저리 뒤져서 찾는 모습
- 지갑에서 꺼내는 경우(반드시 명함지갑을 이용해야 함)
- 명함을 거꾸로 건네주는 모습
- 명함을 받아서 제대로 확인하지 않고 테이블 위에 툭 던지는 경우
- 상대의 명함을 구기거나 낙서하는 경우
- 구겨지거나 더러워진 명함을 건네는 경우
- 명함을 테이블 위에 두고 그냥 자리를 떠나는 경우

나라별 명함 매너

- 중국: 명함을 충분히 준비하는 것이 매너다.
- 일본: 비즈니스 외에도 일상생활에서 주고받는다.
- 미국: 비즈니스 목적이 아닌 경우에는 교환하지 않는 경우가 많다.
- 호주: 비즈니스 만남 시에도 명함을 받지 못할 수 있다.

MEMO

4) 악수 매너

(1) 악수

악수는 선의를 보이기 위한 행동이기 때문에 한국에서도 고려시대나 조선시대에 자신이 무기를 손에 쥐고 있지 않다는 것을 보여 주는 행위로부터 시작되었다고 추측된다. 이 점 때문에 본래 무기를 들고 싸우지 않은 여성은 악수를 하지 않았다고 한다. 현재 악수는 어느 문화권을 막론하고 세계적으로 통용되는 가장 보편적인 인사법으로 알려져 있다. 따라서 올바른 악수 매너를 습득해야 한다.

(2) 악수하는 방법

- 바른 자세로 일어서서 한다.
- 밝은 표정으로 상대의 눈을 바라보며 한다.
- 악수는 오른손으로 하는 것이 원칙이다.
- 악수는 고개를 숙이거나 허리를 굽힐 필요가 없으나 우리나라의 경우 상급자나 연장자와 악수 시 존경의 뜻으로 고개를 살짝 숙이기도 한다.
- 예식용 장갑이 아닌 방한용 장갑은 벗고 악수하는 것이 매너이다.
- 손바닥 전체로 손을 가볍게 감싸 적당한 강도의 힘을 주어 악수한다.
- 상급자, 연장자, 여성(단, 비즈니스상의 경우 지위가 우선)이 먼저 청한다.

(3) 악수 시 부적절한 태도

- 왼손을 뒷짐 지거나 주머니에 넣고 악수하는 태도
- 손을 너무 세게 잡거나 손끝만 잡고 악수하는 태도
- 상대의 양손을 잡고 굽실거리는 태도

MEMO

- 손을 잡은 채 오랫동안 이야기하는 태도
- 왼손으로 악수하는 태도
- 땀에 젖은 손이나 불결한 손으로 악수를 청하는 태도

각 나라의 악수법

- 미국인: 손을 힘 있게 쥐고 힘들며 손아랫사람일 경우 격려의 뜻으로 어깨를 두드리기도 한다.
- 유럽인: 손에 힘을 덜 준다.
- 벨기에인: 악수를 자주하는 편이다.
- 프랑스인: 악수를 자주하는 것을 비문화적이라고 여긴다.
- 중남미 국가: 여성과 악수할 때 손등에 입 맞추는 경우가 많다.

MEMO

02절 항공기 객실승무원의 직장매너

1) 직장

직장은 살아온 환경이 다르고 그로 인해 성격과 성향이 다른 제각기 개성을 가진 사람들이 모여 이루는 조직으로 공동의 목표를 가지고 일하는 곳이다. 공동의 목표를 가지고 성과를 이루어 내기 위해서는 무엇보다 직장에서 인간관계를 잘 형성해야 할 것이다. 인간관계가 원만히 이루어지기 위해선 상대방의 가치를 인정해주고 상식적인 예절과 서로를 배려하는 마음이 필요하다. 특히, 항공기 객실승무원의 성별의 비율은 여성이 상대적으로 높다. 또한 제한된 공간에서 짧게는 1시간 길게는 14시간 이상의 비행을 함께 해야 하기 때문에 서로에 대한 매너와 배려하는 마음 없이는 원만한 비행이 이루어질 수 없다.

2) 일반 직장 매너

(1) 출근 시 매너

- 10~30분 전 도착(주변 정리나 환기)
- 하루 일과에 대해 정리하고 우선순위를 정한다.
- 상사나 동료가 출근하면 자리에서 일어나 밝은 표정으로 인사한다.
- 타인에게 피해를 줄 수 있는 결근, 지각은 하지 않는다(신뢰도 하락).

(2) 근무 중 매너

- 상사나 동료들에게 밝고 예의 바르게 대한다.
- 하급자에게 반말로 하대하지 않는다.
- 개인적인 전화나 잡담은 삼간다.
- 사무용품, 비품을 아껴 사용한다.

MEMO

• 외출 시에는 반드시 상사에게 보고하고 허가를 받는다.

(3) 퇴근 시 매너

• 오늘 할 일 마무리 체크
• 내일 할 일 체크, 점검
• 자신의 주변 정리와 컴퓨터 끄기
• 상사보다 먼저 퇴근할 때에는 "더 이상 용무가 없다면 먼저 퇴근해도 괜찮겠습니까"라고 정중하게 물어본 후 퇴근한다.

(4) 항공기 객실승무원 출근

• 항공기 객실승무원은 각 회사의 객실브리핑 장소에 최소 50분 전에는 도착하여 브리핑 자료, 이미지메이킹 체크, 앞치마 다리기 등을 준비해야 한다.
• 회사 안에서는 다른 승무원뿐만 아니라 다른 직원들에게도 밝은 표정으로 인사를 해야 한다.
• 객실브리핑 10분 전 브리핑실에서 대기하며 브리핑을 준비한다.
• 브리핑실에 다른 승무원들이 들어오면 먼저 인사한다.

(5) 항공기 객실승무원 비행 근무 중

• 복도(aisle)에서 승무원과 마주치면 목례나 '수고하십시오'라는 용어를 사용한다.
• 친한 하급자에게도 손님 앞에서는 반말을 삼간다.
• 상사와 동료뿐만 아니라 하급자에게도 예의와 매너를 갖춘다.
• 승무원 휴식시간 종료 10분 전에 일찍 나와 메이크업과 헤어를 수정하고 업무에 복귀한다.
• Rest Seat나 침상(Bunk) 사용 시 다른 승무원이 사용할 수 있도록 깔끔하게 정리정돈 한다.
• 화장실 사용 시 반드시 화장실 청소를 하고 나온다.

MEMO

(6) 항공기 객실승무원 퇴근 시

- 디브리핑(Debriefing)이 끝나야 퇴근을 할 수 있다.
- 마지막까지 밝고 긍정적인 이미지를 심어줄 수 있도록 노력한다.

3) 호칭 사용법

(1) 상급자에 대한 호칭

- 상사에게는 성과 직위 다음에 '님'을 붙인다.
  (예 : "조 부장님", "강 과장님")
- 다른 부서의 상급자는 부서명, 직급, '님'을 함께 붙인다.
  (예 : "재무 팀장님", "총무 과장님")

(2) 하급자와 동급자에 대한 호칭

- 하급자나 동급자에게는 성과 직위 또는 직급명을 호칭
  (예 : "김 대리", "교육팀장")
- 직책이 없거나 하급자에 대한 호칭
  (이름에 '○○씨'를 붙여 호칭)

MEMO

03절 항공기 매너

1) 항공기 객실 매너

항공기라는 특성상 제한된 공간에서 적게는 100명, 많게는 500명이 넘는 승객들이 한 공간에서 비행을 하게 된다. 한 사람의 잘못된 매너는 개인의 문제를 넘어 국가의 이미지로 남을 수 있으므로 글로벌한 세련된 항공기 매너를 습득하여 서로가 즐거운 여행을 해야 한다.

(1) 항공기 탑승

항공기 탑승 시 반드시 탑승권을 보여 주며 탑승해야 하고 탑승권 미소지 시 탑승이 거절될 수 있다.

(2) 항공기 좌석

- 항공기 좌석 배치는 항공기 웨이트 밸런스(Weight & Balance)에 맞게 배정한 것이므로 이착륙 시에는 반드시 탑승권에 적혀 있는 좌석에 착석해야 한다.
- 안전벨트 착용등(Seat Belt Sign)이 켜져 있는 동안 좌석 벨트를 착용해야 한다.
- 좌석을 뒤로 젖힐 때는 뒤를 돌아보아 좌석을 젖혀도 괜찮을지 살핀 후 조심스레 뒤로 젖힌다.
- 앞좌석을 발로 차는 행위는 삼간다.
- 좌석 팔걸이는 PSU가 설치되어 있는 팔걸이를 사용한다.
- 헤드폰은 너무 크게 들으면 옆 사람의 휴식에 방해가 되므로 적절한 볼륨의 크기로 듣는다.

(3) 항공기 옷차림

- 간편한 옷차림을 하거나 슬리퍼를 신는 것은 괜찮다.

MEMO

• 양말을 벗거나 맨발로 기내를 다니지 않는다.
• 냄새가 심한 옷은 다른 승객에게 불편을 줄 수 있으므로 깔끔한 옷을 착용한다.

(4) 승무원 호출

• 승무원 호출 시 좌석 팔걸이에 있는 서비스 콜 버튼을 사용한다(큰소리로 부르거나 반말을 사용하지 않는다).
• 승무원을 치거나 손짓으로 부르지 않는다.
• 승무원에게 무언가를 부탁할 때는 매너와 예의를 지켜 부탁한다.

(5) 항공기 화장실

• 항공기 화장실은 남녀공용이다.
• '사용 중(Occupied)'이라는 표시는 사람이 있다는 표시이다.
• '비어 있음(Vacancy)'이라는 표시는 사람이 없다는 표시이므로 노크를 하고 들어간다(간혹 문을 잠그지 않는 손님이 있음).
• 세면대를 사용하면 세면대 물을 내려야 하며 종이타월이나 휴지로 세면대에 물기를 닦아 주는 것이 매너이다.
• 사용한 종이타월이나 휴지는 휴지통(Trash Bin)에 넣어야 한다(변기에 넣으면 막힌다).

(6) 기내용품

• 항공기에서 제공되는 칫솔, 어메니티(Amenity), 귀마개(Ear Plug), 수면 안대(Eye Mask) 등은 기내 반출이 가능하다.
• 담요, 베개는 반출이 불가능하다.

(7) 기내음주

• 높은 고도에서 비행하는 기내에서는 기압이 낮기 때문에 음주할 경우 평소보다 3배 더 빨리 취기가 오른다. 적절하게 본인의 주량을 파악하여 마셔야 한다.
• 기내에서 주류서비스는 3회까지 가능하고 그 이상 주문할 경우 승무원의 관찰 대

MEMO

상 손님이 될 수 있다.

- 기내에서 술에 취해 난동을 부릴 경우 「항공안전 및 보안에 관한 법률」 제22조에 의거 1,000만 원 이하의 벌금이 부과된다.

(8) 아이와의 여행

- 아이를 동반한 여행자들은 아이들이 주변 승객에게 피해를 주지 않도록 해야 한다.
- 좁고 제한적인 기내가 아이들에게 답답하리라는 것은 대부분의 사람이 이해하는 부분이지만, 떠들고 뛰어다니는 아이들을 방치하는 부모로 인해 사람들은 더 화가 나는 것이다.
- 아이와의 여행 시 아이가 지루해 할 수 있으니 아이의 장난감이나 책 등을 가지고 탄다.

항공기 블랙 컨슈머

- 2015년 12월 제주행 A사 항공기 기내에서 음주상태로 난동을 부린 전직 권투선수 출신 32살 최 씨가 항공보안법 위반 등의 혐의로 구속되었다.
  최 씨는 항공기에 소주가 담긴 물통을 몰래 가지고 탑승한 뒤, 옆 좌석 승객에게 술을 권하고 앞좌석을 발로 차는 등 난동을 부렸다. 이에 불안감을 느낀 승객의 요청으로 승무원들이 최 씨에게 경고하자 심한 욕설과 함께 팔꿈치로 어깨를 밀치고 제지하는 여승무원에게 겁을 주며 위협을 가한 것으로 드러났다.
  약 30분간 기내에서 난동을 부린 최 씨는 승무원들과 승객들이 합세하여 제압했고 공항경찰에 인계되었다.

생각해 봐요

1. 본인이 항공기 객실승무원이 된 후 외국으로 본인이 근무하는 항공기를 이용하여 여행한다고 할 때 지켜야 하는 매너에 대해 생각해 보자.

02

항공 고객 서비스

CHAPTER

05

항공 서비스의 이해

학습목표

1. 서비스의 개념에 대해 이해한다.
2. 서비스의 특성에 대해 이해한다.
3. 항공 서비스의 종류에 대해 이해한다.
4. 항공 서비스 품질에 대해 이해한다.

MEMO

영국의 BBC는 2015년 이루어진 옥스퍼드대학의 공동연구를 바탕으로 "로봇이 당신의 직업을 대체할까"라는 웹사이트를 개설하였다. 이 사이트에서는 인간의 감성과 역량을 컨트롤하는 직업들이 향후에도 없어지지 않을 직업 10위 안에 랭크되어 있다.

인간의 감성을 컨트롤하는 직업을 대표적으로 뽑는다면 다양한 고객들을 상대하는 항공사 직원들이 아닐까 한다. 국토교통부의 발표에 따르면 2016년 항공 여행객의 숫자는 1억 361만 명이고, 항공사의 성장 및 항공 여행의 선호로 항공 여행객의 숫자는 지속적으로 증가할 것으로 예상하고 있다. YOLO를 꿈꾸는 사람들이 가장 선호하는 것 중의 하나가 여행이며 여가시간을 검색하면 여행이라는 키워드가 연관 검색어로 쉽게 볼 수 있는 것을 보아도 항공 산업의 발전은 계속될 전망이다.

이러한 항공 산업의 발전은 항공 업계의 치열한 경쟁을 가져왔다. 항공사들은 저마다의 전략으로 고객을 만족시키려 노력하고 있다.

항공 산업에서의 가장 중요한 자원은 사람이며 훌륭한 인적 자원은 항공사의 중요한 경쟁력이 되고 있다. 또한 그들의 능력을 효과적으로 발휘할 수 있는 서비스와 고객의 분야에서 전문가가 될 수 있도록 교육에 많은 시간을 투자하고 있다.

광범위하고 막연한 서비스에 대한 이론적 정립은 탄탄한 초석이 되어 항공 서비스에 대한 전문적인 이해와 고객을 만족시킬 수 있는 항공사의 전략으로 발전시키는 데 도움을 줄 것이다.

MEMO

01절 서비스의 정의

서비스라는 단어의 어원을 살펴보면 고대 라틴어에서 '노예'를 의미하는 '세르브르(Servus)'에서 찾아볼 수 있다. 이것이 '공공에 봉사하다'라는 뜻을 가진 불어 'servise'로 현재의 봉사라는 의미를 가진 영어의 'service'로 변천한 것이다.

하지만 서비스는 봉사의 의미와 구별할 필요가 있다. 봉사란 '자신의 이익과 이해와 상관없이 타인을 위하여 몸과 마음을 바쳐 섬긴다'는 의미이다. 희생의 의미가 포함되어 있는 봉사와는 달리, 이 교재에서 다루고자 하는 서비스란 의미는 유상으로 이루어지는 경제활동의 의미에서의 서비스를 설명하고자 한다.

서비스에 대한 정의는 사전적 의미에서 뿐만 아니라 학자들, 경영학적 관점에서의 다양하고 포괄적인 의미를 내포하고 있다. 다음은 여러 시각의 관점에서의 서비스에 대한 정의이다.

(1) 서비스의 사전적 정의

- 생산된 재화를 운반 · 배급하거나 생산 · 소비에 필요한 노무를 제공함
- 개인적으로 남을 위하여 돕거나 시중을 듦
- 장사에서 값을 깎아 주거나 덤을 붙여 줌

(2)서비스의 학술적 정의

서비스에 대한 여러 학자들의 학술적 정의를 다음과 같이 정리해보았다.

MEMO

<표 5 - 1> 서비스의 학술적 정의

학자	서비스의 정의
Zeithmal	서비스는 행위 과정, 그 결과의 성과
Berry	• 서비스란 무형의 활동이나 노력으로 "구매하는 대응이 본질"이 유형인지 무형인지 여부로 판단 • 유 · 무형의 구분, 가치의 강조
Stanton	소비자가 이용자에게 판매될 경우에 욕망에 대한 만족을 가져오는 무형의 활동
Blois	물리적 변화가 없이 한 재화의 활동에서 편익과 만족을 낳는 판매에 제공되는 활동
Judd	소유권의 이전이 없는 재산

(3) 서비스의 경영학 및 마케팅적 정의

서비스에 대한 경영학적 관점에서 바라본 정의를 다음과 같이 정리해보았다.

<표 5 - 2> 서비스에 대한 경영학적 정의

구분	내용
활동론적 정의	• 서비스를 활동으로 보는 개념 • 서비스란 판매를 위해 제공되거나 연계되어져 제공되는 제 활동, 효익 또는 만족(미국마케팅학회(American Marketing Association))
속성론적 정의	• 서비스를 제품과 다른 서비스의 속성으로 정의 • 라스멜(Rathmell)은 서비스는 "시장에서 판매되는 무형의 상품"이라고 정의.
봉사론적 정의	• 서비스는 인간이 제공하는 봉사적 서비스를 인간으로부터 분리하여 인간 노동을 기계로 대체하는 방법
인간 상호 관계론적 정의	• 전통적인 주종관계의 봉사의 의미에서 탈피 • 무형적 성격을 띠는 일련의 활동으로, 서비스 종업원과 상호관계에서부터 발생하며 고객의 문제를 해결해 주는 것

MEMO

02절 서비스의 특성

비용을 지불하고 제품을 선택할 때 고객들은 여러 가지 항목에 대해 꼼꼼하게 따지는 것이 많다. 스마트폰을 구입한다고 할 경우 요즘의 고객들은 구입 전 가장 먼저 하는 일이 검색 창에 '스마트폰'이라는 단어를 입력할 것이다. 그 정보를 가지고 디자인, 기능, 가격 등을 비교하고 본인에게 가장 적합한 스마트폰을 선택하게 된다. 그렇다면 서비스를 구입하기 위해서는 무엇을 고려하여 선택해야 할까? 서비스는 일반 재화처럼 쉽게 눈에 보이거나 장점을 파악하기가 힘들다. 그러다보니 타인의 경험을 통해 정보를 얻는 경우가 대부분이다.

이것은 바로 서비스가 가지고 있는 특성 때문이다. 또한 이러한 서비스의 특성 때문에 나타나는 문제점도 많다. 서비스가 가지고 있는 특성은 무엇이며 서비스 특성의 문제점에 대한 보완점은 무엇인지 알아보자.

1) 무형성(Intangibility)

서비스는 유형의 제품과는 달리 실제가 따로 없기 때문에 보거나 감각을 통해 느낄 수 없다. 형체가 없는 서비스의 특성상 서비스는 객관적 실제가 아닌 주관적 경험의 성격이 강하므로 서비스를 경험하기 전까지는 일반적인 품질을 규격하기가 어렵다.

무형성은 서비스의 대표적인 특성이며 이러한 무형성으로 야기될 수 있는 문제에 대해 보완하기 위해서는 물리적 증거를 제공하여 고객과의 커뮤니케이션에 노력해야 한다.

2) 소멸성(Perishability)

제공된 서비스는 보관이나 저장을 할 수 없다. 호텔 객실, 공연 티켓이나 항공사의 좌석을 예로 들 수 있다. 판매가 되지 않은 제품은 재고로 남아 다음 기회에 저렴한

MEMO

가격으로 판매가 될 수 있으나 한번 제공된 호텔 객실이나 공연 티켓, 항공사의 좌석 등은 반품이나 재고로 남겨 판매가 될 수 없다는 것을 의미한다.

소멸성의 특성을 보완하기 위해서는 적절한 수요와 공급 간의 조화가 필요하며, 서비스 능력의 보유와 관리가 필요하다.

3) 비분리성(생산 · 소비의 동시성)(Inseparability)

서비스는 생산과 소비가 동시에 이루어진다. 유형의 제품은 공장에서 생산을 한 후 판매, 소비되지만 서비스는 서비스 제공자가 고객에게 서비스를 제공함과 동시에 고객은 이를 소비한다. 이러한 특성으로 고객이 서비스 공급과정에 참여하는 경우가 많다.

서비스 직원과 고객이 직접 접촉하여 상호작용이 이루어지므로 상호 피드백과 서비스의 질이 매우 중요하다. 또한 서비스를 이용하기 전의 테스트가 불가능하며 품질 통제의 어려움이 있다. 비분리성의 문제점을 보완하기 위하여 서비스 제공자의 선발과정은 신중하게 이루어져 하며 서비스 교육 또한 철저하게 시행되어야 한다. 또한 서비스 사용자인 고객을 지속적으로 관리하고 서비스 시설의 다양한 환경을 제공하여 원활한 서비스가 되도록 도움을 주는 것도 중요하다.

4) 이질성(가변성 · 다양성)(Heterogeneity)

서비스는 고객이나 서비스를 제공하는 사람, 장소, 서비스 시간에 따라 서비스의 내용과 질에 차이가 발생하는 개별적 특성을 가지고 있다.

서비스 제공자의 서비스의 자질이나 고객의 개인적인 성향으로 인한 기대감이 형성되고 개별적인 감성의 차이 때문에 같은 서비스를 제공하였더라도 서비스의 품질에 대한 평가가 다른 것이다. 예로 고객에 대한 응대는 같은 항공사를 이용하더라고 항공사 직원에 따라 서비스에 대해 느끼는 점은 다르다는 것이다. 이렇듯 서비스는 가변적이기 때문에 규격화하거나 표준화하기 어렵다.

이질성의 문제점을 보완하기 위해서는 서비스 수행과정의 표준화를 위한 매뉴얼을 만들고 고객의 다양한 욕구에 대응할 수 있는 시스템을 구축하는 것이 필요하다.

MEMO

서비스, 너는 누구니?

[그림 5 - 1] 서비스의 특성

<표 5 - 3> 서비스 특성의 문제점과 보완방법

서비스의 특성	문제점	보완방법
무형성	• 저장하기가 어렵다. • 진열 및 커뮤니케이션의 활동이 어렵다. • 특허의 형태로 보존하기가 어렵고 모방하기도 쉽다. • 가격결정이 쉽지 않다.	• 실제적인 단서를 제공 • 구전에 의한 전달방법을 활용 • 기업의 좋은 이미지를 관리 • 구매 후 지속적인 커뮤니케이션의 유지
소멸성	• 저장해두거나 재고관리를 할 수 없다.	• 수요와 공급의 조화
비분리성	• 고객의 관여도가 높아 사전에 품질을 통제하기가 어렵고 대량 생산을 할 수 없다.	• 서비스 제공자의 선발과 교육이 중요 • 고객의 지속적인 관리 • 서비스망의 구축
이질성	• 표준화와 품질 통제가 어렵다.	• 서비스 표준화 및 고객 개별화를 위한 시스템 구축

MEMO

03절 항공 서비스

최근 항공산업은 세계화 추세에 발맞추어 확장 및 급속한 성장가도를 달리고 있다. 그러나 경제 불황, 유가 상승, 정치적 · 사회적 불안감 등의 갖가지 변수들로 인해 운영의 어려움을 겪고 있다. 이러한 환경적인 요소에도 불구하고 여행객의 증가로 신규 항공사는 꾸준히 증가하고 있어 치열한 경쟁 구도에 놓여 있다.

넘쳐나는 정보의 데이터로 고객들의 서비스 기대는 점점 더 높아지고, 특히 항공 서비스에 대한 불만은 다른 서비스 기업보다도 부정적인 파급효과가 더 크다고 할 수 있겠다.

항공사들은 서비스의 경쟁우위를 놓치지 않기 위하여 항공사만의 차별화된 서비스 전략 등 고객을 만족시키기 위한 많은 노력을 하고 있으며 고객 유치를 위해 노력하고 있다.

1) 항공사의 분류

항공사는 사업 모델의 특성에 따라 FSC와 LCC로 구분할 수 있다.

(1) FSC

FSC는 Full Service Carrier의 약자로, 비교적 높은 운임을 받고 부가적인 서비스를 제공하는 항공사를 일컫는다. 국내의 경우 대한항공과 아시아나 항공이 FSC의 대표적인 항공사이다.

(2) LCC

LCC는 Low Cost Carrier의 약자로 단순한 가격구조를 가지면서 비용절감체제를 바탕으로 운영하는 저비용 항공사[1])를 의미한다. 단일 기종의 운영, 기내 좌석 간격을 줄이거나 기내 서비스의 간소화로 원가를 절감하는 방법으로 항공 운임을 저렴하게 판매

MEMO

하는 사업 모델의 항공사를 일컫는다.

국내 LCC의 대표적인 항공사로는 제주항공, 진에어, 에어부산, 이스타, 티웨이, 에어서울 등이 있다.

<표 5-4> 항공사 분류에 따른 특성

항공사	FSC	LCC
정의	비교적 높은 운임을 받고 부가적인 서비스를 제공하는 항공사, 대형항공사, 메이저 항공사	저비용 구조의 항공사로 낮은 운임을 제공하는 항공사
항공기 기종	다양한 항공기 기종 및 신 기종 운영	주로 단일 항공기 기종 운영 및 전세 항공기 운영으로 비용절감
노선	단거리 및 중·장거리의 다양한 노선 운영(환승편 운영)	단거리 및 중거리 노선 운영 (환승편 없음)
이용공항	대형 허브 공항 이용	보조 공항 이용
상품특성	운임에 따른 클래스 운영 기내식, 엔터테인먼트, 기내면세, 라운지 등 부가서비스 제공	단일 클래스 운영 유료 서비스 운영

2) 항공 서비스

'항공운송사업'이란 타인의 수요에 의하여 항공기를 사용하여 유상으로 여객 또는 화물 및 우편물을 운송하는 사업이라고 우리나라 항공법(제2조 26항)에서 정의하고 있다.

이러한 항공 운송 사업을 하는 주체를 항공회사, 항공 기업이라 하며, 항공기라는 유형제를 이용하여 목적지까지 안전하고 친절하게 운송해 주는 것이 항공 서비스이다.

항공사 서비스란 항공 운송 서비스라고 정의하기도 하는데, 예약·발권 서비스, 공항 서비스, 기내 서비스, 운항 및 기타 서비스를 포괄하여 지칭하는 말로 항공사의 상품인 좌석을 예약·발권으로 인해 연계되어 고객들에게 제공되는 총체적인 서비스를 의미한다.

1) LCC를 저비용항공사, 저가항공사라 부르기도 하는데, 기존에 형성되어 있는 운임에 비해 저렴한 수준으로 운송 서비스를 제공하는 항공사를 총칭하는 의미로서 저가항공사보다는 저운임항공사, 저비용항공사라는 명칭이 더 정확한 의미를 내포하고 있다.

MEMO

항공 서비스에는 소비자들이 직·간접적으로 느끼고 경험하는 다양한 서비스로 구성되어 있다.

(1) 예약·발권 서비스

항공권 예약 및 발권 서비스뿐만 아니라 호텔, 렌트카, 환율 등 부가적인 정보 서비스도 같이 제공하여 고객의 편리함을 도모한다.

(2) 운송 서비스

탑승수속 서비스 및 탑승 안내, 수하물 처리 등의 서비스를 일컫는다.

(3) 기내 서비스

객실 서비스라고도 칭하며 고객이 기내에 탑승하여 목적지 도착까지 기내에서 제공받는 서비스 전체를 의미한다. 기내 좌석, 기내 식음료, 기내 엔터테인먼트, 기내 면세, 기내 시설 이용 등의 편의 서비스를 의미한다.

(4) 운항 및 기타 서비스

항공기 운항에 관련된 서비스와 편리한 운항 스케줄 및 운항 노선, 출·도착 시간의 정시성, 지연 및 결항, 수하물 파손 등의 보상, 상용 우대 고객 제도, 장애인, 노약자, 유아 등의 고객의 편의를 도모하는 서비스를 일컫는다.

MEMO

서비스의 정의와 특성에 대해 공부하였다.

고객을 위한 서비스란 무엇인가에 대해 의견을 나누어 생각을 정리하여 재미있게 문장을 만들어 보자.

(예시)

서 - 서운해하지 않겠습니다.
비 - 비록 저의 서비스를 불평하시더라도
스 - 스스로를 반성하며 고객의 마음을 읽을 수 있는 진정한 서비스인이 되겠습니다.

S - 항상 고객에게 smile을 잊지 않겠습니다.
E - 항상 고객의 emotion을 생각하겠습니다.
R - 항상 고객을 respect하겠습니다.
V - 항상 고객의 value를 높여드리겠습니다.
I - 항상 고객에게 좋은 image를 보여드리겠습니다.
C - 항상 고객에게 courtesy 하겠습니다.
E - 항상 고객에게 excellent한 서비스를 제공하기 위해 노력하겠습니다.

만들어봅시다.

서 -
비 -
스 -

S -
E -
R -
V -
I -
C -
E -

MEMO

서비스와 봉사

본인이 항공사 근무시절 경험한 사례이다.
12시간이 걸려 독일 프랑크푸르트 비행을 끝내고 힘들고 지친 몸을 이끌고 퇴근을 위해 공항 리무진 버스를 기다리고 있었다.
(본인이 근무한 항공사는 근무가 끝난 후 유니폼을 입은 상태로 퇴근이 허용되는 항공사였다)
집으로 가는 노선의 공항버스가 도착하고 3박 4일의 비행에 필요한 가방을 (레이오버 가방이라고 칭함) 공항 버스 밑 화물칸에 넣고 버스에 탑승하려는 순간, ○○○승무원! 이라고 부르는 듯한 소리를 듣게 되었다. 주위를 둘러보니 항공사 유니폼을 입은 사람은 나 외에는 없어 본능적으로 나를 지칭한다는 것을 알게 되었다. 50대로 보이는 중년 여성분은 너무나 당연하다는 듯이 "내 가방 좀 여기 짐칸에 넣어줘"하시며 자연스럽게 버스에 탑승하는 것이 아닌가.
순간 내가 입은 자랑스런 항공사의 유니폼이 그렇게 원망스러울 수가 없었다. 지금 이곳은 항공기 기내도 아니고 나도 버스를 이용하는 고객임에도 불구하고 마치 기내에서 승무원에게 당당하게 서비스를 요구하듯이 중년의 여성은 내게 명령하고 버스에 탑승하였다.
항공사의 유니폼을 입고 있다는 이유로 버스 승객으로 탑승하는 순간에도 봉사를 당연히 해야 한다는 그 상황이 몹시 당황스러웠다.
이미 나의 몸은 장시간의 비행으로 다리는 퉁퉁 부어 있었고 손가락 하나 까딱할 기운이 없었다. 하지만 나를 보는 다른 승객들의 눈초리와 항공사 승무원이라는 그 직업의 무게로 승객의 짐을 넣어드렸다.
나와 같은 경험을 한 항공사의 승무원은 의외로 많다.
가끔 기내가 아닌 곳에서 승무원이라는 이유만으로 봉사를 강요당하는 경우이다.
집에 오는 내내 내가 하는 서비스와 봉사의 경계에 대해 생각해보았다.
고객에 대한 봉사에 대한 마인드는 서비스인에게 반드시 필요한 자질이다. 유니폼을 입고 있지 않더라도 직업정신을 발휘하여 타인에게 도움을 주는 경우는 일상생활에서 많이 볼 수 있다.
하지만 봉사는 강요되어서는 안 되는 것이다(이것은 순전히 나의 생각이다).
이 글을 읽는 혹자는 뭐가 그리 대단한 일을 했다고 봉사와 서비스의 경계를 운운하냐고 할 수 있지만 항공기 객실승무원으로 근무할 당시에 이 문제에 대한 고민은 항상 불편하게 한 자리를 차지했던 것 같다.
항공사 재직 시 서비스 마인드에 대한 훈련을 많이 받는다. 그럼에도 불구하고 그날의 사건은 나의 서비스 자질을 의심하기도 하면서 내 직업에 대한 회의마저 들게 했다. 나름대로 서비스 마인드로 똘똘 뭉쳐진 승무원이라고 생각했던 내 자신에게 실망함과 동시에 나에게 고맙다는 말 한마디 없이 버스에 탑승한 손님에게 씁쓸함을 느꼈다.
하지만 강요된 봉사를 하였다 하더라도 나에게 서비스 마인드가 부족하다고는 생각하지 않는다. 나도 사람이기 때문에 힘든 것은 힘들다는 것을 인정하기로 했다.
아직까지도 나는 서비스와 봉사의 경계에 대해 확실한 답을 찾지 못하고 있다.

생각해 봐요

1. 일상생활에서 흔히 사용되는 서비스의 다양한 표현들을 적어보자.
2. 서비스와 봉사의 차이점에 대해 생각해보자.
3. 선호하는 항공사의 서비스의 특성은 무엇인지 생각해보자.

CHAPTER

06

항공 서비스 품질

학습목표

1. 서비스 품질의 중요성에 대해 이해한다.
2. 서비스 품질 측정방법에 대해 이해한다.
3. 항공사 서비스 품질에 대해 이해한다.

MEMO

A라는 항공사는 항공기 운항 스케줄이 좋고 기내식도 맛있지만 항공기 객실승무원의 서비스는 좋지 않다는 평가를 받고 있다. 반면에 B라는 항공사는 운항 스케줄이 좋지 않지만 항공기 객실승무원이 친절하다고 입소문이 자자한 항공사이다. 만약 당신이 고객이라면 두 항공사 중 어떤 항공사를 선택하겠는가?

여행의 목적이 비즈니스인 고객은 운항 스케줄이 중요하지만 그에 비해 기내 서비스에는 별 관심이 없을 것이다. 반대로 가족 여행인 고객은 객실승무원의 친절한 서비스가 여행의 즐거움을 도와준다고 생각할 것이다.

이렇듯 고객마다 서비스에 대한 기대가 다르고 중요하게 여기는 부분도 다르다.

따라서 항공 서비스 품질은 고객의 성향이나, 항공기를 이용하는 고객의 목적에 따라 같은 서비스라도 다르게 평가되는 경우가 많은 것이다.

특히, 항공사의 서비스 품질은 항공사의 이미지에 큰 영향을 미치기 때문에 차별화된 서비스 전략으로 항공사의 품질을 높이기 위해 투자와 노력을 아끼지 않는다.

다른 서비스 산업에 비해 상대적으로 인적 서비스에 의존도가 높은 항공사는 서비스 품질 향상 면에서도 인적 서비스에 더 많은 비중을 두고 있다.

항공사를 이용하는 고객의 기대 수준은 높아만 가고 이러한 고객의 기대를 충족시키기 위해서는 항공사만의 차별화된 서비스 전략이 필요할 것이다.

MEMO

01절 서비스 품질의 중요성

고객이 유형의 제품을 사용한 후 좋다, 안 좋다를 평가하기까지는 오랜 시간이 걸리거나 복잡한 과정이 필요하지 않다. 하지만 서비스라는 무형의 제품을 평가하는 것은 의외로 매우 복잡하다.

최고의 서비스를 제공하였지만 고객이 만족하지 못한다면 그 서비스는 실패한 것이다. 고객이 가지고 있는 지식이나 정보가 서비스를 평가하기에 충분하지 않다고 하더라도 고객이 만족하지 못하면 서비스 품질은 좋다고 할 수 없다는 의미이다.

또한 서비스의 최종 결과가 좋다고 할지라도 서비스를 전달하는 과정에 만족하지 못했다면 그 서비스는 전체적인 평가에서 서비스 품질에 문제가 있다는 서비스로 평가된다.

이러한 서비스의 특성상 서비스 품질을 관리하기란 여간 어려운 일이 아니다.

하지만 서비스 산업에서 서비스 품질은 기업수익과 고객만족에 영향을 미치는 중요한 요인이기 때문에 기업에서는 서비스 품질을 높이기 위한 품질 경영에 중점을 두고 있다.

MEMO

02절 서비스 품질 측정방법

여러 학자들에 의해 서비스 품질에 대한 명확한 정의와 측정방법은 여전히 논란이 되고 있는 상황이다. 보편적인 측정방법은 고객만족 정도를 가지고 측정하는 방법으로 고객의 만족 정도가 그 상품이나 서비스의 품질이라는 것이다.

대표적인 측정방법 2가지는 다음과 같다.

1) SERVQUAL(Service+Quality)

PZB(Parasuraman, Berry, Zeithmal)는 서비스 품질을 서비스에 대한 소비자의 기대와 지각 사이의 불일치 정도와 그 방향이라고 정의하였다.

서비스 품질(Q)=지각(P) - 기대(E)

또한 개인의 기대된 서비스 수준과 지각된 서비스 수준의 차이(고객의 인식과 기대와의 차이)를 서비스 품질을 결정하는 요소라고 하며 세부적인 10가지 구성요인을 개발, 그 후 타당성과 척도의 개발을 통하여 5가지 요인으로 통합하였다. 이것은 SERVQUAL이라 하였으며 핵심적인 5가지 요인을 설명하면 다음과 같다.

(1) 유형성(Tangibility)

유형성은 서비스 제공자의 용모, 물리적 시설, 장비 등을 의미한다. 호텔의 객실, 최신 항공기, 항공사의 유니폼 등을 의미한다.

(2) 신뢰성(Reliability)

신뢰성은 믿을 수 있고 약속된 서비스를 정확하게 이행할 수 있는 능력을 의미한다.

MEMO

(3) 반응성(Responsiveness)

반응성은 고객을 기꺼이 도우려는 의지와 즉각적인 서비스를 제공하려는 의지를 의미한다.

고객이 필요로 하는 정보를 제공해 주는 시간이나 문제를 해결하는 데 소요되는 시간이라고 할 수 있다.

(4) 확신성(Assurance)

확신성은 서비스 제공자의 예절 및 지식, 정중함, 자신감 및 확신을 주는 능력으로 정의되며 고객에게 주는 거래의 안전성을 의미한다.

(5) 공감성(Empathy)

공감성은 서비스 제공자가 고객에게 제공하는 개별적 배려와 관심이며 고객에게 최대의 이익을 주기 위한 고객의 욕구에 대한 직원들의 이해를 의미한다.

<표 6-1> PZB 서비스 품질의 구성 차원

PZB(1985)	PZB(1988)	정의
유형성	유형성(Tangibility)	물리적 시설, 장비, 인력, 의사소통 수단의 외형
신뢰성	신뢰성(Reliability)	고객과 약속한 서비스를 정확하고 믿을 수 있게 수행하는 능력
반응성	반응성(Responsiveness)	신속하게 서비스를 적시에 제공, 고객을 자발적으로 도우려는 의지
예절	확신성(Assurance)	고객에게 신뢰와 믿음을 줄 수 있는 종업원의 지식과 예절
의사소통		
신용성		
안전성		
능력		
이해력	공감성(Empathy)	기업이 고객에게 제공하는 개별적인 배려와 관심
접근성		

출처: ParasuramaL.A.V.A.Zeithl &L.L.Berry(1988)"A multiple Item Scale for Measuring Consumer Perception of Service Quality".Journal of Retailing pp.12-40

MEMO

2) SERVPERF(service+performance)

SREVQUAL과 함께 서비스의 품질을 측정하는 대표적인 또 하나의 모델이다.

크로닌과 테일러(Cronin & Talyor)는 SERVQUAL의 모델이 이론적 기반과 실증적 분석이 부족하다고 보고, 성과만이 서비스 품질 측정에서 중요한 요소라는 SERVPERF를 개발하였다. 기대 - 성과 불일치에 대한 서비스 품질 측정이 가능할지는 몰라도 현실적으로 계량화시키기 어려우며 실증적 증거를 찾기가 힘들다는 것이다.

따라서 서비스 품질이 인식이 아닌 태도를 통해 성과를 기반으로 측정되어야 하고 SERVQUAL보다 성과 중심인 SERVPERF가 서비스 품질을 평가하는 데 적합하다고 주장하였다.

$$\text{Service Quality} = \text{Performance}$$

<표 6 - 2> SERVQUAL과 SERVPERF 비교

구분	SERVQUAL	SERVPERF
모델의 구성	성과 - 기대	성과
기대의 정의	규범적 기대	기대 측정 안함
예시	○○항공사 객실승무원은 고객 개개인에게 세심한 배려를 해 줄 것이다.	○○항공사 객실승무원은 고객 개개인에게 세심한 배려를 해 주었다.

MEMO

03절 항공 서비스 품질

항공사에서의 고객만족 창출은 치열한 항공산업 경쟁에서 우위를 점유하기 위한 항공사의 최고의 경영목표라 할 수 있다.

따라서 항공사들은 서비스 품질을 높이기 위해 물적 서비스 및 인적 서비스 등의 다양한 방법으로 새로운 항공 서비스를 창출하려 노력하고 고객만족을 위한 다양한 전략으로 고객의 선택을 기다리고 있다.

1) 항공 서비스 품질 특성

항공사 서비스 품질을 높이기 위해서는 항공사 서비스 특성을 이해하는 과정에서 시작된다.

유시정(2003)은 항공사 서비스 특징을 4가지로 분류하였다.

첫째, 항공서비스는 무형성이고 노동집약성이 높은 서비스이다.

항공서비스는 무형의 상품이기에 고객이 항공 서비스를 직접 경험하여야만 항공사 서비스 품질을 인지할 수 있다는 것을 의미한다. 그러므로 고객에게 무형성에 따른 불확실성을 최소화하기 위해 항공사의 이미지와 구전 등에 적극적인 관심을 갖고 서비스 품질에 대한 표시 및 증거를 추구하고 있으며 또한 브랜드 충성도에 크게 의존하게 되는 것이다.

둘째, 항공사 서비스는 생산과 소비의 비분리성을 갖는 특성이 있다.

항공기 경영 운영상 정기 운항의 스케줄을 운항해야 한다. 이는 해당 운항 편으로 모두 소화가 되지 않을 경우 판매기회가 상실되는 기회손실이 발생하게 된다.

셋째, 항공서비스는 소비하는 활동이 시간단위에 따라 수요 변동이 있다.

해외 관광의 경우 외부 환경요인인 기후, 경기변동, 국내의 정세, 국민생활의 안정, 환율, 정부의 해외여행 정책 등에도 영향을 받는다.

넷째, 항공사 서비스의 소멸성이다.

MEMO

과잉생산으로 손실을 발생시킬 수 있는 매몰비용이 발생할 뿐만 아니라 과소 생산으로 이익기회를 상실시키는 기회비용도 발생하게 한다는 것을 의미한다.

수요 예측이 잘못되어 어느 특정 항공 노선의 편수를 증가시켜 탑승률이 낮아지거나, 반대로 공급석이 충분하지 못하여 소비를 충족시키지 못하는 경우가 발생하기도 한다.

2) 항공 서비스 품질 측정

항공 서비스 품질에 대한 최초의 연구는 고딘(Gourdin, 1998)에 의해 시작되었으며, 1990년대 이후 피크와 리치(Fick & Ritchie)가 SERVQUAL을 항공 산업에 적용하여 서비스 품질을 측정하기 시작하였다. 1990년대 이후 많은 연구자들에 의해 항공 서비스 품질에 대한 연구가 이루어지고 있고 지금까지도 꾸준히 이어져오고 있다.

???, 장과 예나(Tsayram, Chang & Yena, 2002)는 항공사는 항공권의 예약과 판매, 공항서비스, 기내 서비스, 관광 목적지에서의 서비스 등을 관광자에게 제공하며, 항공기의 연착이나 수하물 분실과 관련된 상황에서의 서비스를 제공하는데, 항공사의 서비스 품질은 이러한 여러 가지 속성들의 복합물이라 할 수 있다고 말하였다.

즉, 항공사 서비스 품질은 유형적 속성과 무형적 속성의 복합체이며 항공사가 제공하는 유·무형의 서비스에 대해 고객이 기대하고 있는 기대 인식 수준과 고객이 경험하고 느끼는 서비스 질의 높고 낮음의 인식의 차이로 정의할 수 있겠다.

항공 서비스 품질에 대한 연구는 물적 서비스와 인적 서비스로 구분하여 항공 서비스 속성을 반영하여 서비스 품질에 대한 이론을 배경으로 적용한 연구 사례가 많다.

이러한 연구들은 고객들이 항공사 서비스 품질로 인한 고객만족으로 인해 항공사 선택 및 재구매의 영향을 미친다는 연구 결과를 가져왔다.

항공 서비스 품질에 대한 측정을 위해 항공사 서비스 품질을 구성하는 요인에 대해 연구가 진행되었는데, 그 연구 결과를 정리하면 다음과 같다.

MEMO

<표 6-3> 항공 서비스 품질의 구성요인

연구자	항공 서비스 품질요인
이향정(2000)	예약 서비스, 발권 서비스, 기내 서비스(기내 객실승무원 서비스, 기내식, 오락물, 기내 면세품 서비스), 운송 및 기타 서비스(편리한 스케줄, 탑승수속, 수하물 서비스, 상용고객 우대제도, 정시성, 문제 발생 시 대응능력)
류두용(2004)	• 유형성(항공사의 현대적 시설, 여유 있는 좌석 공간, 다양한 기내식, 기내식의 맛과 질, 승무원의 깔끔한 외모, 자국어 구사능력이 있는 승무원 탑승 여부) • 신뢰성(약속된 서비스의 제공, 정확한 서비스 제공시간의 정보 제공, 운항시간 지연 및 결항에 대한 보상, 자발적인 서비스 제공, 승무원의 예절성) • 편리성(신속한 탑승 서비스, 직항 서비스, 신속한 수하물 처리 및 인도, 편리한 운항 스케줄, 다양한 노선의 보유) • 신빙성(운항안전 및 보안요원 서비스, 항공사의 국적, 항공사의 명성, 항공사의 이미지, 승무원의 전문 지식)
송성인 · 조주은(2004)	기내 서비스, 승객 서비스, 운항 서비스, 운송 서비스, 물적 서비스

출처: 이정학(2006), 서비스경영.

이와 같이 여러 학자들의 항공사 품질 측정에 대한 연구는 현재까지 진행 중에 있으며 다양한 방법과 시각으로 연구되고 있다. 본 교재에서는 가장 많이 연구되고 적용된 PZB의 서비스 품질 측정방법을 기본으로 한 항공사 서비스 품질에 대해 알아보고자 한다. 항공사의 특성을 잘 반영하지 못했다는 비판이 있지만 이론적 기반이 뒷받침된 연구라 판단되어 항공사 서비스 품질을 공부하는 면에서는 도움이 될 것이다.

MEMO

<표 6-4> PZB연구를 바탕으로 한 항공사 서비스 품질 측정

항공사 서비스 품질	측정 항목
유형성	• 항공 운임의 적정성 • 비행 스케줄의 편리함 및 운항횟수 • 다양한 목적지 및 직항 운항 • 승무원의 이미지메이킹 • 항공사의 명성과 항공사의 브랜드 이미지
신뢰성	• 항공기의 안전함 • 정확한 출·도착 • 고객의 불평과 불만의 신속한 처리 • 항공사의 다양한 정보 • 고객의 문의에 응답할 수 있는 항공사 직원의 업무지식
반응성	• 항공사 예약·발권의 신속함 • 수하물 손실·파손에 대한 처리가 신속함 • 항공기 운항 지연 및 결항에 따른 보상서비스의 신속함 • 항공사의 예약 변경 및 취소는 탄력성이 있음
확신성	• 직원은 고객에게 확신을 줌 • 직원의 예의 바름 • 항공사 승무원의 외국어 구사능력 • 항공사 승무원의 친절함
공감성	• 승객에 대한 세심한 관심 • 고객불만에 대처하는 승무원의 능력이 탁월함

생각해 봐요

1. 제품을 구입하여 사용 후 만족했던 이유에 대해 구체적으로 적어보자.
2. 고객의 입장에서 "기대가 크면 실망도 크다"는 속담을 경험해 본 사례에 대해 이야기해보자.
3. 항공사의 서비스 특성 중 가장 중요한 것은 무엇인지 이야기해 보자.

CHAPTER

07

고객만족

학습목표

1. 고객 가치에 대해 이해할 수 있다.
2. 고객만족의 정의와 필요성에 대해 이해할 수 있다.
3. 고객만족 서비스 프로세스에 대해 이해할 수 있다.

MEMO

좋은 곡을 연주하기 위해서는 악기를 다루는 기술적인 기교 외에 그 곡을 만든 작곡가의 생각을 이해하고 그 감성을 공유해야 청중을 감동시키는 연주가 될 것이다.

연애를 시작하는 연인 사이에 가장 먼저 필요한 것은 그 상대에 대한 이해이다.

무엇을 좋아하는지, 반대로 싫어하는 것은 무엇인지에 대한 파악이 이루어져야 좋은 관계로 발전될 수 있는 것이다.

마찬가지로 고객이 원하는 서비스를 하기 위해서는 고객을 이해하지 않고서는 결코 이루어질 수 없다.

고객은 기업경영이 생산에서 수요로 전환되기까지는 주목받지 못한 존재였다.

1990년대 이후 기업은 구매의 속성이 변화하면서 소비자의 중요성을 깨닫고, 소비자보다는 고객이라는 표현을 사용하기 시작했으며 우리에게 자연스럽게 익숙해진 단어가 되었다.

고객 없는 기업은 존재할 수 없으며 고객의 만족 없이 기업은 성장할 수 없을 것이다.

고객에 대한 올바른 이해와 고객을 만족시키기 위한 노력은 아무리 강조해도 지나치지 않다.

MEMO

01절 고객이란

1) 고객의 개념과 분류

고객의 "고(顧)"는 한자로 "돌아볼 고"로 돌아보다, 지난날을 생각하다, 돌보다의 뜻이 있다. 객(客)은 "손 객"자로 손님, 나그네, 사람의 뜻이 있다. 이 두 한자를 합해보면 고객이란 돌보아야 하는 사람, 지난날을 생각하게 하면서 돌보아야 하는 손님이라는 의미로 풀이할 수 있겠다.

고객의 사전적 의미를 살펴보면 다음과 같다.

- 영업을 하는 사람에게 대상자로 찾아오는 사람
- 상품 및 서비스를 제공받는 사람
- 대가를 지불하는가의 여부에 관계없이 그 상품을 사용하거나 서비스를 이용하는 사람

기업에서 생각하는 고객의 의미는 어떤 것일까?

다음은 경영학적 측면에서의 고객에 대한 정의이다.

- 기업에서 만들어 낸 제품과 서비스를 구매하거나 소비함으로써 이익창출에 직접적으로 기여하는 사람이나 집단
- 상품을 이미 구입하거나 사용하는 사람 외에도 앞으로 상품 및 서비스를 구입 · 사용할 가능성이 있는 잠재고객 및 기대고객도 포함된다.
- 거래처, 하청업자, 주주는 물론이고 사내고객으로서 종업원 또한 고객이 된다.
- 현대의 고객은 제품 품질에 대한 확실한 니즈와 정확한 사용방법, 구매장소 그리고 전문적인 커뮤니티 정보에 근거에 제품을 구매하는 사람이다.

MEMO

2) 고객의 중요성

'기업의 성공은 고객에게 달려 있다', '고객을 왕처럼 모셔라', '고객 없이 살 수 없다'라는 흔히 우리가 접할 수 있는 문구들은 기업에 있어서 고객이 중요한 이유와 고객만족을 꼭 이루어야 한다는 의지를 읽을 수 있다.

기업이 경영활동을 수행하는 데 있어서 고객은 기업경영의 성패를 좌우하는 여러 가지 경영환경요인들 중에서도 가장 중요한 요소임에 분명하다.

고객이 외면하는 기업은 생존하기가 힘들고, 고객 목소리의 중요성이 증대되면서 단순한 고객만족의 강요나 경영진에 의하여 일방적으로 지시되어 왔던 고객 서비스로는 기업이 존재할 수 없는 것이다.

우리나라에서 '고객만족', '고객만족경영'이라는 말이 도입된 것은 1990년대 초반부터이며 기업경영에서 "고객만족" 이라는 개념은 일반 기업뿐만 아니라 공공 행정 분야까지 확산되고 있다.

고객의 중요성을 인지하지 못한 기업은 기업으로서의 가치가 없으며 기업의 생존을 넘어선 기업의 목적이며 그 이상이다. 아무리 강조해도 지나치지 않은 것이 고객의 중요성이며 고객만족인 것이다.

3) 고객 가치

'가치'를 국어사전에서 찾아보면 '사물이 지니고 있는 쓸모, 대상이 인간과의 관계에 의하여 지니게 되는 중요성'이라고 나와 있다.

또한 우리의 일상생활에서 필요한 욕구를 충족시킬 수 있는 것은 모두 가치이다. 그런 의미에서 '상품은 모두 가치이다'라고 정의하여도 무리가 없을 것이다. 후자의 가치의 의미를 자이사믈(Zeithaml, 1988)은 "가치란 제공된 제품 차원의 전반적인 평가"라 하였고 가치에 고객의 의미를 부여한 게일(Gale, 1994)은 "고객가치란 제품의 가격에 대해 상대적으로 지각된 품질"이라고 하였다.

즉, 고객가치란 고객이 기꺼이 지불한 가격과 제품을 소비하면서 얻은 품질이나 효용의 차이라고 할 수 있다(Kashyap & Bojanic, 2000).

MEMO

실덱무크, 심과 세이블(Sirdeshmukh, Singh & Savol, 2002)은 "고객의 가치는 마케팅 활동의 기본적인 토대이며 높은 가치는 기업에 대한 고객의 후원과 애호 및 장려에 대한 동기를 유발시킨다."고 하였다.

이는 고객 자체가 가치를 창출해 낼 수 있는 중요한 자원이며, 고객가치가 고객의 만족과 충성도를 결정하는 주요 요소라 설명할 수 있겠다.

고객 가치를 실현하기 위한 방법은 다음과 같다.

(1) 고객의 니즈(NEEDS)를 정확히 파악해야 한다

고객은 제품과 서비스가 마음에 들지 않으면 망설임 없이 고개를 돌려 버린다. 인터넷 시대의 고객은 자신이 원하지 않더라도 다양한 채널로 정보의 홍수를 경험하고 있으며 고객조차도 자신의 니즈를 혼동할 수밖에 없는 환경에 놓여 있다. 기업은 고객의 현재와 미래의 요구를 정확히 파악하여 고객이 원하는 것이 구입하는 제품과 서비스의 품질임을 확실하게 이해하여야 한다.

(2) 고객 가치를 올바르게 파악해야 한다

철저하게 고객 관점에서 문제의 본질을 바라보고 고객 가치를 충족시켜야 한다.

고객은 항상 가치의 창출자이다. 고객은 제품을 통해 경제적 가치를 추구하기도 하지만 서비스 종업원과의 감정적, 유대적, 상호적 관계를 통해 관계가치를 추구하기도 한다. 따라서 고객에게 최적화된 맞춤형 서비스를 제공하여 고객들이 진정으로 원하는 새로운 가치를 밝혀내야 한다.

(3) 제품과 서비스에 체험과 감성적 요소를 포함시켜야 한다

현대의 소비자들은 자신의 라이프스타일에 적합한 제품과 차별화된 서비스에 선택적 소비를 한다. 따라서 기존 제품과 고객이 직접 참여하는 서비스 체험, 감성적 요소를 가미하여 감성, 체험 중심의 변화하는 고객 가치를 만들어야 한다.

(4) 고객의 평생(생애) 가치(Customer Lifetime Value)를 알고 있어야 한다

고객의 평생 가치는 고객이 평생 동안 어떤 기업에 기여하는 수익성을 현가로 나타

MEMO

낸 수치를 말하며 재무적인 공헌도의 합계라고 할 수 있다. 즉, 고객이 특정 회사의 제품이나 서비스의 첫 구매부터 마지막 구매까지의 예상 누적 매출 또는 누적 이익이라고도 설명할 수 있다. 이는 기업의 경제적 이익뿐만 아니라 고객과의 관계를 유지하는 고객과 기업에의 중요한 가치가 된다.

한 번의 거래로 끝나는 관계가 아니라 고객이 재구매를 반복할 때, 만족한 고객을 통해 새롭게 창출해 내는 구전효과는 또 다른 부가가치가 될 것이다.

그러므로 고객의 평생가치는 기업성장 전략의 중요한 핵심이라 할 수 있다.

4) 고객의 분류

서비스 기업에서의 고객은 생산과정에 깊은 관여를 하기 때문에 참여 관점에 따라 고객을 다음과 같이 분류할 수 있다.

<표 7 - 1> 참여 관점에 따른 고객 분류

분류	내용
직접고객(1차 고객)	제공자로부터 제품이나 서비스를 구매하는 사람
간접고객(개인 또는 집단)	최종 소비자 혹은 2차 소비자
내부고객	회사 내부 조직원으로서 조직에서는 고객으로 분류되고, 주주 등의 이해관계자나 조직원의 가족도 내부고객이 될 수 있음
의사결정고객	직접적으로 제품이나 서비스를 구입하거나 사용하지는 않지만, 1차 고객이 선택하는 데 영향을 미치는 고객
의견선도고객	제품이나 서비스에 대한 모니터링, 평가, 심사 등에 영향을 미치는 집단(소비자 보호단체, 평론가, 전문가 등)
법률규제자	소비자 보호와 관련하여 법률을 만드는 정부나 의회
단골고객	자사의 제품이나 서비스를 지속적이고 반복적으로 구매하는 고객
경쟁자	제품 침 서비스 전략 및 고객관리 등에 영향을 끼치는 고객
옹호고객	단골고객의 성향을 가지고 있을 뿐 아니라 타인에게 적극 추천하는 고객

MEMO

분류	내용
한계고객	디마케팅(Demarketing)[2] 대상이 되는 고객으로 기업의 수익에 별 도움이 되지 않는 고객을 배제하여 자사상품과 서비스에 대한 구매를 의도적으로 줄여 고객활동이나 가치를 중지할 수 있음
얼리 어댑터 (Early Adopter)	제품이 출시될 때 가장 먼저 구입해 제품에 관한 정보를 접하고, 평가를 한 후 주변인들에게 제품정보 및 특성을 알려주는 성향을 가진 소비자군
체리피커 (Cherry Picker)	기업과 상품구매, 서비스 이용실적은 저조하면서 자신의 실속 챙기기에만 관심이 있는 고객으로, 기업이 이들을 차별적으로 관리하기 위해 디마케팅을 함

출처: 박연희 외(2017), CS관리실무

2) 디마케팅(Demarketing)은 기업에서 자사 상품에 대한 고객의 구매를 의도적으로 줄임으로써 적절한 수요를 창출하는 마케팅 기법. 정기적으로 고객과 건실한 관계를 유지하고 발전시켜 나가기 위해서 마케팅 활동을 억제하는 것으로, 필립 코틀러가 1971년에 처음 사용한 개념이다(위키백과).

MEMO

02절 고객만족

1) 고객만족 서비스

'욕구가 충족되었다는 상태나 느낌'을 받았을 때, 또는 '무엇을 성취하거나 채웠을 때' '만족하다'라는 표현을 한다.

허기를 느껴 식당에 가서 음식을 주문하였다. 음식을 섭취함으로써 배고픔에 대한 욕구는 충족되었지만 만약 음식 맛이 별로였다면 어떤 감정을 느꼈을까?

음식 맛도 좋고 음식을 서비스하는 직원도 친절하였으며 음식점의 청결함, 분위기 등도 마음에 들었다면 어떠한 느낌을 받았을까?

한 가지 요건의 충족으로도 만족을 느낄 수 있지만 여러 가지의 복합적인 요소가 충족되었을 때 느끼는 만족은 전자의 만족과는 비교가 되지 않을 것이다.

기업이 지속적으로 유지되고 운영되기 위해서는 이익 창출이 최대 목표이지만 고객만족 없이는 기업 경영을 이어나가는 데 한계가 있다. 고객들은 만족을 주지 못한 기업과는 거래를 다시 하지 않기 때문이다.

고객만족 서비스는 고객 이탈을 최소화하여 기업의 직접적인 성과를 이루어 내고 고객의 긍정적인 구전효과를 발생시켜 상품과 서비스의 재구매로 충성고객을 만들며 신규고객의 유치비용을 줄여 기업의 수익성 확보와 경영성과에 기여하게 된다.

또한 자신의 서비스로 고객이 만족해하는 결과를 얻게 된 서비스맨들은 자신의 직무에 만족을 느끼고 조직에 대한 충성도가 높아져 이직률을 줄일 수 있다. 이처럼 고객만족은 고객뿐 아니라 고객을 서비스하는 직원들의 질도 높아져 기업의 입장에서 비용 감소 및 안정적인 기업 운영에 도움을 주게 된다.

MEMO

2) 고객만족의 의미 및 구성요소

(1) 고객만족의 의미

고객만족 연구의 대가로 알려진 올리버(Richard L, Oliver)는 만족은 실제로 구매한 후의 소비경험과 소비자의 사전 기대가 어느 정도 일치하느냐에 따라 결정된다고 정의하였다.

즉, 고객만족은 고객에게 기대 이상으로 상품 또는 서비스를 원하는 만큼 충족시킴으로써 고객의 재구매 또는 재방문을 높이고, 서비스 및 상품에 대한 충성도가 지속되도록 하며 고정 고객층의 이탈 방지를 통해 기업 이익을 안정적으로 확보하는 지름길이라 할 수 있겠다.

(2) 고객만족의 구성요소

과거에는 상품의 가격이 좋고 품질이 좋으면 고객은 그것으로 충분히 만족하였다. 그러나 물질적으로 풍요로운 시대가 되면서 상품의 품질은 그닥 차이가 없기 때문에 고객들은 품질 외에 판매원의 서비스 태도, 매장의 분위기 등의 부가적인 면에서의 만족을 더 중요시하게 되었다. 이는 고객만족의 비중이 상품에서 서비스로 이동하고 있다는 것을 시사하고 있다.

고객만족의 구성요소로는 직접인 요소인 상품과 서비스, 간접적인 요소인 기업 이미지로 설명할 수 있다.

① 상품

고객을 만족시키는 가장 기본적인 요소이다.

무엇보다도 우수한 상품을 개발하고 만들어 내는 것이 중요하다.

② 서비스

고객과의 관계를 잘 유지시켜 주는 고객만족을 구성하는 중요한 요소이다.

상품과 서비스를 별도로 설명하는 것은 의미가 없으며 각각 그 자체만으로 고객만족을 이끌어 가기에는 힘들다. 상품과 서비스를 하나로 생각해야 하며 항상 서비스 수

MEMO

준을 유지해야 한다. 고객만족을 위해서 서비스 매뉴얼에 의한 교육 및 훈련이 필요하며 고객불만사례 등을 통한 체계화된 교육이 필요하다.

③ 기업 이미지

기업 이미지는 무형의 서비스를 유형화시키는 역할을 한다.

기업 이미지는 상품, 관광 및 홍보, 구전, 서비스의 구입 경험, 사회적 공헌활동 등이 복합적으로 작용하여 고객들에게 인지되면서 기업 이미지를 형성시킨다.

3) 고객만족 서비스 프로세스 관리

서비스 프로세스란 서비스가 실행, 전달되는 절차나 활동의 흐름, 메커니즘을 의미한다. 고객은 서비스 프로세스를 통해 서비스를 경험하며 고객 서비스 품질을 결정하게 된다. 고객의 욕구가 다양해지고 서비스에 대한 기대수준이 높아짐에 따라 체계화된 서비스 프로세스는 고객만족을 이룰 수 있는 중요한 요소가 되고 있다. 서비스 프로세스는 분야에 따라 그 특성에 맞게 설계할 수 있지만 본 교재에서는 서비스 특성에 맞는 보편적인 서비스 프로세스에 대해 알아보도록 하겠다.

(1) 구매 전 관리: 대기관리

소멸성, 비분리성의 서비스의 특성으로 고객은 서비스를 받기 위해 기다리는 경우가 종종 발생한다. 서비스를 받기 전까지의 대기는 고객들에게 부정적인 경험으로 인식되며 이는 고객 불만을 야기하는 원인이 되곤 한다. 따라서 효과적인 대기시간 관리가 필요하다.

고객이 느끼는 대기의 원칙은 다음과 같다.

- 아무 일도 안 할 때 더 길게 느껴진다.
- 구매 전 대기가 더 길게 느껴진다.
- 근심은 대기를 더 길게 느껴지게 한다.
- 무턱대고 기다리면 더 길게 느껴진다.

MEMO

- 불공정한 대기는 더 길게 느껴진다.
- 원인을 모르는 대기는 더 지루하다.
- 가치가 적을수록 더 길게 느껴진다.
- 혼자 기다리면 더 길게 느껴진다.

① **대기 관리를 위한 서비스 생산 기법**

- 수요의 분산: 온라인 예약을 활용한다.
- 커뮤니케이션의 활용: 서비스 혼잡 시간을 사전에 공지하거나 비수기 이용 시 장점을 홍보하여 고객을 유도한다.
- 공정한 대기시스템 구축

② **고객의 인식관리**

- 서비스가 시작되었다는 느낌을 주어라: 대기 중 고객에게 볼거리, 오락, 간식 제공 등 다양한 서비스를 제공하여 이미 서비스를 받고 있다는 느낌이 들도록 한다.
- 예상 대기 시간을 알려주어라: 뜻하지 않은 기상 악화나 정비문제로 인해 항공기의 탑승을 기다리게 되는 경우가 있다. 정확한 탑승 시간이 정해지지 못하는 상황이더라도 직원들이 실시간 정보를 고객에게 알려주고 대략적인 대기 시간을 알려준다면 고객들은 대기 시간에 대한 불만이 줄어들 것이다.
- 이용하지 않는 자원은 보이지 않도록 하라: 고객업무와 지원업무를 분리하여 운영하여 고객과 상호작용 업무를 하지 않는 직원은 고객이 볼 수 없는 장소에서 업무를 수행하게 한다.

  사용하지 않는 물리적 시설은 보이지 않게 하는 것이 중요하다.
- 고객 유형별로 대응하라: 고객창구를 업무별로 처리한다.

MEMO

(2) 구매 중 과정

① MOT관리(진실의 순간)

스웨덴의 마케팅 학자 리처드 노만 박사는 고객이 인지할 중요한 장소와 시간이 있다는 사실을 밝혀내어 이를 '진실의 순간(Moment of truth)', 즉 'MOT'라 하였으며 서비스 품질관리에 처음으로 사용하였다.

MOT는 스페인의 투우 용어인 'Momento de la Verdad'를 의미하는 것으로 투우사와 소의 대결에서 투우사가 소의 급소를 찌르는 순간을 의미한다. 투우사에게 그 순간은 절대로 실패가 허용되서는 안 되는 순간이며, 결정적인 순간, 피할 수 없는 순간일 것이다.

그래서 MOT를 '결정의 순간', '중요한 순간'이라고도 한다.

MOT는 스칸디나비아 항공의 얀칼슨이 항공 서비스 부분에 도입하면서 널리 보급되기 시작하였다. 그는 고객이 접하는 최초 15초 이내에 고객만족과 서비스 기업 전체의 이미지가 결정된다는 것을 알아내고 직원들이 고객을 만나는 이 15초가 진실의 순간이라고 주장하였다. 따라서 서비스인들의 MOT 능력에 따라 고객의 평가와 만족은 달라질 수 있기 때문에 MOT에 유능한 직원을 확보하는 것이 중요하다.

<표 7 - 2> 항공사 서비스의 MOT의 예

항공사 정보를 얻기 위해 전화했을 때
비행기 티켓을 예약할 때
공항 카운터에 도착했을 때
순서를 기다릴 때
탑승권 발급을 위해 지상직 직원과 만났을 때
요금 지불 후 탑승권을 받을 때
출발 입구를 찾고 있을 때
보안검색대를 통과할 때
출발 게이트 앞에서 대기하고 있을 때
탑승권을 건네고 탑승할 때
기내에 탑승하여 승무원의 환영을 받을 때
좌석을 찾고 있을 때
좌석에 앉아 목적지까지 가는 동안 안전한 비행과 승무원의 서비스를 받을 때
목적지 도착 후 나갈 때

출처: 심윤정 외(2016), 서비스마인드와 글로벌 매너

MEMO

② **곱셈의 법칙**

고객들이 경험하는 서비스 품질의 만족도는 곱셈의 법칙이 적용된다.

MOT가 중요한 결정적 순간이 되는 이유도 바로 이 곱셈의 법칙 때문이다.

고객은 서비스의 과정 중 99%가 만족한 부분이었고 단 1%만이 만족하지 못하였더라도 서비스가 만족스럽지 못하다고 느낀다. 오직 100%만이 의미가 있다는 것이다.

단 한 명의 서비스인의 실패가 전체의 서비스에 대한 이미지를 결정하기 때문에 고객을 대하는 모든 접점 부서에서의 서비스가 중요한 것이다.

(3) 구매 후 관리: 피시 본 다이어그램(Fishbone Diagram)

물고기의 뼈 모양을 닮았다고 하여 뼈 도표라고도 불리는 피시본 다이어그램은 품질문제를 일으키는 요인과 그에 관계되는 부수적인 요소들을 함께 검토하여 현상과 결과의 원인 및 이유를 찾아 분석, 기업의 불만의 원인을 추적 관리할 수 있게 한다.

[그림 7-1]은 항공기 출발지연에 대한 원인을 분석하여, 피시본 다이어그램에 적용시킨 예이다.

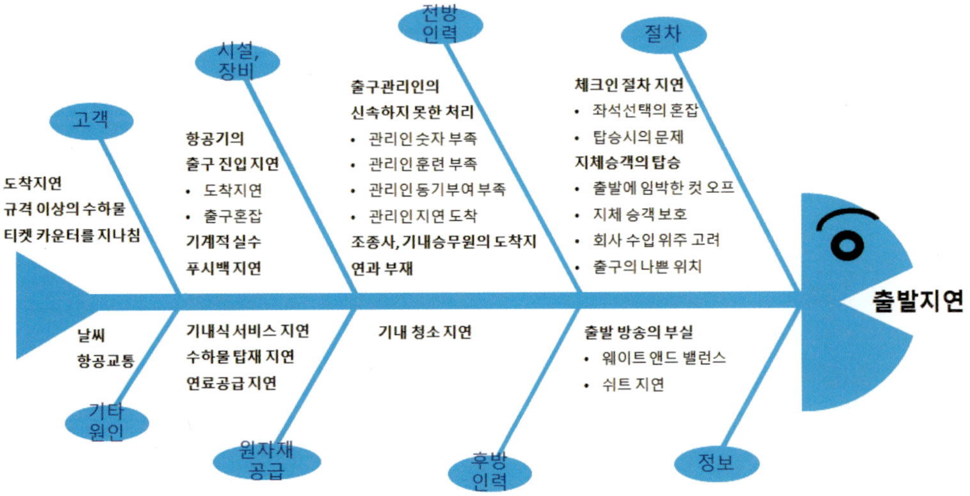

[그림 7 - 1] 항공기 출발 지연 분석을 위한 피시본 다이어그램

출처: 이유재(2013), 서비스마케팅

MEMO

(4) 서비스 프로세스에 고객을 참여시켜라

고객시민행동

서비스의 비분리성의 특성으로 고객은 서비스의 생산과정에 기여하는 바가 크다. 서비스 기업에서의 고객은 중요한 인적 자원이며 임시직원으로 인식되고 있다. 서비스 접점에서 서비스 제공자와 상호작용을 통하여 서비스 품질에 중대한 영향을 미칠 수 있다.

이러한 고객의 적극적인 행동은 단순히 서비스를 제공받기 위한 수동적인 참여를 초월하여 서비스 제공자에게 건의사항을 제공하며 다른 고객을 도와주는 등의 행동으로 궁극적인 서비스 품질 향상에 기여하는 고객시민행동을 탄생시켰다.

조직시민행동과 고객시민행동

조직시민행동이란 공식적 보상체계에 의하여 직접적 또는 명시적으로 인정되지 않지만 역할 외 행동으로서 조직의 효율적·효과적 기능을 촉진하는 행동이다(Organ, 1988).
즉, 부분적 종업원 관점하에서 조직분야에서 연구되었던 조직시민행동을 고객에게 적용하여 고객의 구매 및 사용 역할 외 고객의 부가적인 기능적 행동을 고객시민행동이라 정의하였다. 고객시민행동은 고객 자신에게는 만족과 기업에 대한 소속감을 느끼게 해 주고, 기업 차원에서는 기업의 제품과 서비스 질의 향상 및 장기적 수익창출에 기여할 수 있는 매우 중요한 개념이다.

출처: 박미영 외(2010), 고객시민행동의 주요 선행 및 결과 변수에 관한 연구, 한국마케팅학회

MEMO

다음 서비스 산업의 서비스 접점은 무엇인지 생각해보자.

1. 호텔

2. 헤어 숍

3. 백화점

생각해 봐요

1. 고객은 ( )다. 내가 생각하는 고객의 의미를 적어보자.
2. 부담스러운 가격임에도 불구하고 제품이나 서비스를 구매한 사례에 대해 이야기해보자.
3. 고객이 불만을 표현하지 않는 이유에 대해 생각해보자.

MEMO

CHAPTER

08

고객만족경영

학습목표

1. 고객관계관리에 대해 이해한다.
2. 서비스 회복에 대해 이해한다.
3. 고객만족경영에 대해 이해한다.

MEMO

고객에게 좋은 기업이란 어떤 기업을 이야기하는 것일까?

좋은 물건을 만들고 합리적인 가격에 판매하면 그 물건을 만든 기업은 고객에게 좋은 기업이라 말할 수 있는 것일까?

표면적으로는 좋은 기업이 되기 위한 충분한 조건을 갖추고 있지만 뭔가 부족하다는 느낌이 드는 것은 바로 고객의 마음을 움직이는 무엇인가가 없기 때문이다.

고객만족경영은 고객을 위한 경영이며, 기업은 고객만족경영을 실현시키기 위해 단순한 제품 및 서비스의 품질 향상을 넘어 고객을 감동시키는 마케팅 전략이 필요하다.

우리는 흔히 TV 광고나 다양한 매체를 통하여 기업의 서비스 철학을 엿볼 수 있다.

서비스 철학은 고객만족경영이라는 맥락으로 이어지며 기업은 고객의 마음을 빈틈없이 채우기 위한 노력을 보여 준다.

고객을 관리하고 고객의 마음을 얻을 수 있는 기업만이 치열한 경쟁 속에서 고객 곁에 존재할 수 있을 것이다. 고객만족경영은 단순한 경영 목표가 아니라 기업의 생존과 연관되어 있다고 말할 수 있다.

MEMO

01절 고객관계관리

1) 고객관계관리(CRM)의 개념과 중요성

고객만족에 대한 경쟁이 치열해지면서 대부분의 기업과 제품 및 서비스가 상당히 높은 수준의 고객만족도 지수를 획득하게 되었다. 기업에서는 더 이상의 차별화된 고객만족으로 경쟁우위에 있을 수 없다는 문제의식을 가지게 되었다.

이러한 기업의 환경 변화는 신규고객의 유치에만 집중하던 경영방식을 타파하고 기존 고객과의 관계에서 해법을 모색하기 시작했다.

고객관계관리(CRM:Customer Relationship Management)는 관계 마케팅에서 그 모티브를 찾을 수 있다.

관계 마케팅이란 구매자와 판매자 간의 장기적이고 지속적인 관계를 강조하면서 상호 간의 신뢰와 헌신을 증진시켜 나가는 마케팅 전략 및 활동을 의미한다.

이러한 관계 마케팅 개념은 고객관계관리라고 하는 전략적 프로세스와 다양한 기술을 바탕으로 하는 시스템 및 도구들을 발전시키는 계기가 되었다.

(1) 고객관계관리(CRM)의 개념

고객관계관리란 기업과 고객과의 관계를 좀 더 효과적이고 전략적으로 관리하는 것을 의미한다.

현재 기업이 보유하고 있는 고객과 잠재고객에 대한 자료를 수집하여 고객행동을 분석하고 예측을 통해 고객을 오래 유지시키며 결과적으로 고객의 평생가치를 극대화하여 수익성을 높일 수 있는 통합된 서비스 프로세스라 할 수 있다.

(2) 고객관계관리(CRM)의 중요성

고객관계관리의 중요성은 다음과 같다.

MEMO

① 우수고객의 유지비용을 제고할 수 있으며 고객 이탈로 인한 손실을 최소화할 수 있다(신규고객 비용의 창출 비용이 기존 고객 유지비용에 비해 5배나 많이 든다).

② 잠재고객을 활성화시키고, 재구매를 유도할 수 있다.

③ 틈새시장을 개척할 수 있다.

④ 기존 고객을 통한 구전효과는 다른 유료광고보다도 효과적이다.

⑤ 기존 고객을 유지하기 위해서는 지속적인 고객만족이 전제되어야 한다.

고객관계관리의 전략적 방향은 기업의 성공을 제공한다. 즉, 기업은 고객관계관리를 통해 고객의 니즈에 부합하는 서비스를 개발하여 고객에게 제공함으로써, 고객의 이탈을 방지하고 새로운 서비스를 창출해 고객의 기업에 대한 기여도를 높일 수 있다.

또한 고객에 대한 서비스의 질을 높임으로써 치열한 경쟁 속에서 살아남기 위한 경쟁우위를 확보하기 위해 고객관계관리는 중요하다.

고객관계관리는 고객에 초점을 맞춘 경영 전략, 고객 중심 마케팅 전략, 고객에게 맞춤화된 서비스 및 제품을 제공하고 고객만족과 충성도를 증가시키는 것을 목표로 한다.

[그림 8 - 1] 고객관계관리 목표

(3) 고객관계관리 마케팅

① 고객관계관리(CRM)의 유형

전략적 관점에서의 CRM은 고객에게 제품 및 서비스를 각 개인 고객의 특별한 요구를 충족시켜 줄 수 있도록 맞춤형 서비스를 제공하는 개념이다. 고객은 특별한 관리를

MEMO

받는다는 느낌을 받고, 기업은 경쟁사보다 시장 우위를 점하며 동시에 수익성도 높일 수 있는 것이다.

<표 8-1> 시스템을 이용한 CRM의 유형

유형	내용
고객 지원 및 서비스 시스템(CSS)	• 잘 통합된 고객 데이터베이스를 기반으로 고객관계를 관리하고 증대시키는 중요한 도구 • 구매 및 구매 후를 포괄적으로 관리할 수 있다.
영업 조직 및 자동화 시스템(SFA)	• 영업 사이클을 단축하고 고객과의 대인 접촉 수를 높여주며 영업과정을 가이드하기 위해 디자인되었다.
마케팅 자동화 시스템(EMA)	• 각 개개인 고객이 특별함을 느낄 수 있는 고객 맞춤형 마케팅 프로그램을 제공한다. • 고객과의 접촉과 거래 두 차원에서 고객활동을 추적하고 측정 분석하는 프로그램의 필요성을 인식, EMA를 통한 고객 지식은 신제품 및 서비스를 개발하고 고객을 끌어들이고 보상하고 유지하는 데 기여한다.

② **단계별 고객관계관리**

가. 신규고객 유치단계

기업 간 경쟁의 심화로 기업에서 신규고객을 창출하는 것은 힘들고 비용 또한 많이 든다.

신규고객의 창출은 신뢰를 통한 새로운 잠재고객을 얻기도 하지만, 영영 고객을 잃게 되는 결과를 가져오기도 한다. 이러한 위험 때문에 기업에서 신규고객을 유치할 때에는 무차별적으로 신규고객의 후보를 정하기보다는 현재의 우량고객과 유사한 대상을 선발하여 적절한 접근방식으로 새로운 거래 관계를 형성하여 신규고객을 유치하기도 한다.

나. 기존 고객의 유지단계

'파레토 법칙(Pareto's Low) - 상위 20%의 고객이 매출의 80%를 창출한다.[3]

3) 파레토 법칙: 이탈리아 경제학자 빌프레도 파레토(Vilfredo Pareto)는 소득분배에 대한 통계법칙으로 대규모 시스템이 만들어 낸 효과의 80%는 시스템 변수의 20%에서 비롯된다고 주장하였다. 즉, 상위 20% 사람들이 전체 부의 80%를 가지고 있거나, 상위 20% 고객이 매출의 80%를 창출한다는 것이다.

MEMO

기업에게 수익을 가져다주는 고객은 일부에 지나지 않으며 이러한 고객은 기업이 지속적으로 투자하고 관리해야 하는 고객이다. 기업에서는 고객과의 관계를 강화하면서 고객을 유지하고 또한 기존 고객이 이탈하는 것을 막고 우량 고객화하는 것도 매우 중요하다.

기존 고객을 유지하는 기간이 길수록 기업은 더 많은 수익을 얻게 되고 고객은 다른 경쟁 기업의 저가격 공세에도 쉽게 흔들리지 않는 충성고객이 될 가능성이 높다.

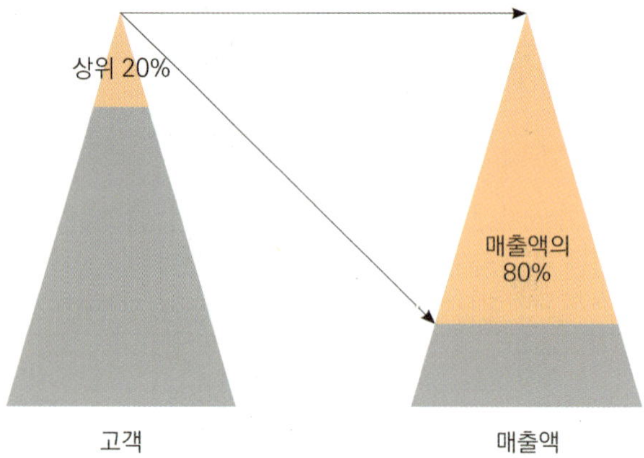

[그림 8 - 2] 파레토 법칙

다. 평생고객화 단계

고객 유지를 확장시켜 평생고객으로 만드는 것은 단순히 기업과 고객과의 관계가 아니라 고객의 로열티가 극대화되고 기업과 고객이 동반자 관계가 되는 단계이다.

③ 효과적인 고객관계관리 방법

효과적인 고객관계관리방법은 다음과 같다.

가. 지속적인 관계를 얻기 위한 고객관리: 습관적으로 자사의 제품이나 서비스를 구매하도록 하는 마케팅 행위

나. 고객의 개별적 특성에 따른 관리: 고객에 대한 일대일 마케팅/서비스

다. 정보 기술에 의한 관리: 데이터베이스를 이용하여 고객의 정보를 관리

라. 전사적 차원에서의 관리: 고객정보, 사내 프로세스, 전략, 조직 등 경영 전반에 걸친 관리체계

MEMO

데이터베이스를 이용한 고객관계관리방법-고객을 위한 "마음"

리츠칼튼호텔의 고객인지 프로그램은 고객관계관리의 대표적인 성공 사례이다.
호텔의 직원들은 근무중에 관찰한 고객에 대한 취향이나 기억해야 할 정보를 고객 코디네이터에게 전달하면 그 내용은 데이터베이스에 저장되어 전 세계 지점의 직원들이 공유하는 고객맞춤 프로그램이다. 샌프란시스코 출장을 간 고객이 푹신한 베개를 싫어하여 딱딱한 베개를 요청하였는데, 다음 뉴욕 출장에서도 리츠칼튼호텔에 투숙하였더니 그 고객의 룸에 샌프란시스코 리츠칼튼에서 사용하였던 똑같은 베개가 있는 것을 보고 감동을 받았다는 사례는 아주 유명한 일화이다.

본인이 근무했던 항공사도 고객관계관리를 실천한 항공사이다.
항공사를 일정 횟수 이용한 손님 명단을 승무원에게 전달하면 승무원은 손님의 선호 음료나 음식 등의 개인적 취향에 대한 정보를 메모하여 '진실의 순간'이라 불리는 부서에 전달해 준다. 그 부서는 해당 손님의 정보를 축적하고 업데이트 하여 이후 그 손님이 탑승하는 항공편 승무원에게 정보를 전달하는 프로세스로 진행되었다. 간혹 고객의 일시적인 변심으로 정보와는 다른 서비스를 요구하거나 나의 기억력의 한계로 실수를 하여 당황한 경험도 있었지만 대부분 서비스에 대한 평가는 만족스러운 결과를 가져왔다.

데이터베이스를 이용하여 고객에게 서비스를 제공한다는 차별화된 전략은 아주 성공적이었다. 하지만 고객을 감동시킨 부분은 고객들을 위해 노력하는 서비스인들의 마음이 아니었을까 생각한다. 고객을 위해 진정으로 노력하는 서비스인들의 모습이야말로 잘 짜여진 그 어떤 서비스 프로그램보다도 고객의 마음을 움직이지 않았을까 생각해본다.

(4) 서비스 회복

① 불만고객관리

기업들은 고객을 관리하고 고객만족을 위해 전사적 노력을 하지만 고객의 불만이 전혀 발생되지 않기란 여간 어려운 일이 아니다.

고객의 불만에 대해 적극적으로 성실히 대처한다면 오히려 불만을 가졌던 고객이 만족하고 단골고객이 될 수 있는 중요한 전환점이 될 수도 있다.

불평고객은 기업에서 골치 아픈 피하고 싶은 고객이 아니라 또 다른 기회가 될 수 있다는 의미이다.

불만고객이 중요한 이유는 다음과 같다.

2006 불만 고객 연구 보고서(왓튼스쿨 경영대학원)

고객 100명이 불만을 느낄 경우 32~36명의 고객이 같은 매장에 다시 방문하지 않는

MEMO

다고 한다. 불만을 느낀 고객들 가운데 기업에 직접 항의를 하는 고객은 6%에 불과하며, 친구, 가족들에게 적극적으로 알리는 고객은 31%, 63%의 고객은 침묵을 지키며 다른 기업으로 이동한다.

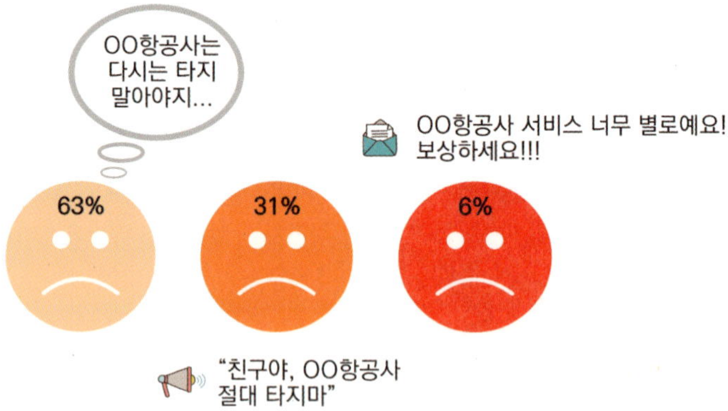

[그림 8 - 3] 불만고객 연구

인터넷의 발달로 고객 불만에 대한 전파의 영향력은 무한대로 뻗어 나갈 수 있기 때문에 고객의 작은 불만이라고 소홀히 해서는 안 될 것이다.

오히려 불만 고객을 효율적으로 관리할 경우 재구매율이 높아져 수익을 증대시킬 수 있는 기회를 갖게 될 것이다.

'존 구드만의 법칙'

고객이 평소에 아무런 문제를 느끼지 못한 상황에서는 일반적으로 10%의 재방문율을 보이지만, 만약 불만사항을 표출한 고객에게 진지하게 대응했을 경우 고객의 65%가 다시 이용하러 온다.

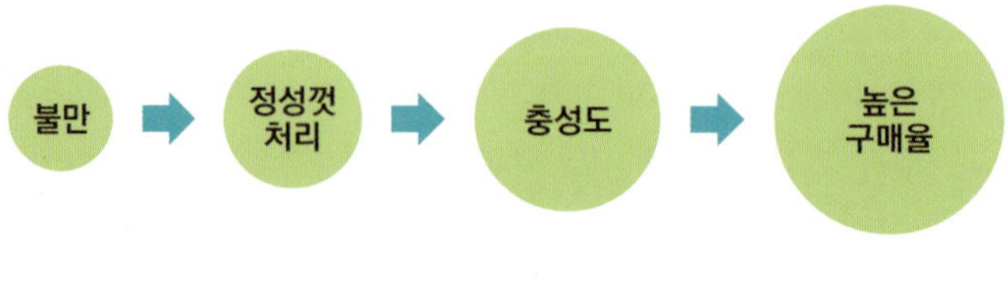

MEMO

② 서비스 회복

서비스를 제공되는 시점에서 항상 성공적일 수만은 없다. 서비스 실패를 사전에 방지하는 것도 중요하지만, 실패 시 이러한 실패를 어떻게 극복할 것인가에 대한 방안은 더욱 중요하다.

기업의 통제 불가능한 요소에 의해 서비스 실패가 유발될 수 있다. 그러므로 서비스 실패의 가능성은 항상 존재하며 이는 기업과 고객과의 관계에서 부정적인 영향을 미친다.

실패를 부인하고 회복 노력을 하지 않을 경우 고객 이탈, 부정적 구전 등 기업의 이익에 영향을 미친다. 서비스 회복 노력은 불만족한 고객을 만족한 고객으로 전환시키는데 결정적인 역할을 하며 고객 유지, 고객만족, 호의적인 구전에 중요한 역할을 한다.

서비스 회복은 기업과 고객의 관계를 장기적으로 구축하는 고객의 만족을 증대시키고 고객과의 관계를 견고히 하며 고객의 전환 행동이나 이탈을 방지하는 등의 중요한 역할을 한다.

연구자들은 고객만족을 이끌어 낼 수 있는 구체적인 회복요소들을 언급하고 있다.

<표 8 - 2> 구체적인 회복요소

구분	회복요소
무형적 측면 (서비스 복구 유형)	• 직원의 노력 • 종업원의 사과 • 서비스 실패에 대한 처리속도와 대응처리 • 설명 • 정정 • 상징적 보상 • 관리자의 신속한 대응 • 직원의 불만처리능력 • 친절한 태도 • 심리적 보상
유형적 측면 (물리적 보상)	• 사은품 • 무료음식 • 쿠폰지급 • 환불

출처: 김영국 외(2015).서비스 회복에 따른 보상 유형과 성향적 조절초점이 고객감정과 구전의도에 미치는 영향. 관광학연구

MEMO

고객은 서비스 실패를 경험하였을 때 구체적인 회복요소 이외에도 고객 자신이 투입한 노력과 기업이 제공한 회복 노력의 결과를 비교함으로써 교환관계의 공정성을 판단하고 이를 토대로 행동을 결정한다.

그 내용은 다음과 같다.

공정성의 종류

• 분배공정성

투입과 산출에 대한 평가가 가장 우선적인 기준이 되는 것을 의미한다.

서비스 제공자가 서비스 실패에 대하여 더 많은 유형적인 보상을 할 수 있도록 하는 것이다.

• 절차 공정성

의사결정을 수행하는 데 적용되는 기준 혹은 절차의 적정성을 의미한다.

서비스 회복과정에서 사용되는 규정이나 회복 시스템에 대한 고객 평가이며 최종 결과에 도달하기 위하여 사용되는 방식에 대한 고객 평가를 말한다.

• 상호 공정성

서비스 회복 과정에서 서비스 제공자와 고객 간의 상호작용에 관한 것으로 공정하게 대접을 받았는가에 대한 고객 평가를 의미한다.

상황 설명은 서비스 실패 이유에 대한 설명이며 정직함은 제공된 정보에 대한 정확성을 말하고, 공손함은 예의 바른 행동, 노력은 문제해결에 투입된 기업의 긍정적 활동이며 공감은 관심 및 배려이다.

MEMO

서비스 회복을 위한 단계별 고객 응대

1단계: 무조건 경청한다

- 고객의 항의에 겸허하고 공손한 자세로 인내심을 가지고 끝까지 경청한다.
- 고객 자신이 스스로 불평을 모두 말하도록 한다. 고객의 불평을 충실히 듣는 것만으로도 불만의 상당부분은 해소된다.
- 고객과 언쟁하지 않도록 한다.

2단계: 고객에게 공감하고 감사의 인사를 한다

- 공감이란 고객의 느낌에 공감하고, 고객의 문제를 내 것처럼 생각하며 이해하고 받아들이겠다는 뜻을 보이는 것이다.
- 감정이입을 통해 상대를 이해하고 배려하는 마음을 보여 주는 것은 모든 서비스의 원천이다.
- 불만사항에 따라 필요한 경우, 고객에게 일부러 시간을 내서 그 문제를 지적하여 해결의 기회를 준 데 대해 감사의 표현을 한다.

3단계: 진심어린 사과를 한다

- 고객의 의견을 경청한 후 그 문세점을 인정하고 잘못된 부분에 대해 당사자가 신속히 정중히게 사과한다.
- 진심어린 사과는 오히려 고객의 마음을 가라앉히고 호감을 갖게 하는 반전이 될 수 있으나 사과 없는 변명은 고객을 더욱 불쾌하게 할 수 있다.
- 분위기를 자연스럽게 이끌어 상황을 진정시킨다. 서 있는 경우 자리를 권하거나, 사람이 많은 경우 장소를 조용한 곳으로 옮긴다. 화가 난 고객을 응대할 때는 고객의 감정을 조절하도록 유도한다.

4단계: 설명하고 해결을 약속한다

- 불만사항에 대해 관심과 공감을 보이며 고객이 납득할 해결방안을 제시, 문제를 시정하기 위해 어떤 조치를 취할 것인지 설명하고 해결을 약속한다.
- 고객에게는 누가 담당자인지가 중요한 것이 아니라, 자신의 문제를 해결해 줄 것인지 아닌지가 중요하다.

5단계: 정보를 정확히 파악한다

- 문제해결을 위해 꼭 필요한 질문만 하여 해결 정보를 얻는다.
- 최선의 해결책이 불가능할 경우 고객에게 어떻게 하면 만족할지를 솔직히 묻는다.

6단계: 신속한 처리를 한다

- 잘못된 부분에 대해 일의 우선순위를 세워 신속하고 완벽하게 처리한다.
- 신속한 대응으로 문제해결을 위해 최대한 노력하고 있음을 보인다.
- 해결이 불가능할 경우 반드시 고객에게 대안을 제시하도록 한다. 그러나 처음부터 무조건적인 대안은 효과가 없으며 고객이 기대하는 것 이상을 제공하도록 노력해야 한다.

7단계: 처리를 확인한 후 다시 한 번 사과한다

- 불만사항을 처리한 후 고객에게 결과를 알리고 다시 한 번 사과한다.
- 고객과의 처리는 해결이 문제가 아니고 결과적으로 고객의 감정이 어떠한가가 가장 중요하다.

MEMO

8단계: 재발방지책을 수립한다

- 최종 마무리 후 다시 결과를 확인한다.
- 최종 마무리가 잘되면 해당 서비스 직원의 자존심을 세우는 데도 도움이 된다. 즉, 서비스에 실패하고 힘들어하는 직원은 최종 마무리 덕분에 다시 즐거운 마음으로 근무에 임할 수 있게 된다.
- 고객불만 사례를 회사 및 전 직원에게 알려 재발방지책을 수립하고 새로운 고객 응대방안 등을 마련하여 같은 문제가 재발되지 않도록 한다.

출처: 박혜정(2014), 고객서비스 입문

MEMO

02절 고객만족경영

1) 고객만족경영의 개념

고객만족경영(Customer Satisfaction Management)이란 기업의 최종 목적을 고객의 만족을 목표로 하고 경영의 전 과정에서 고객만족을 실현하고 고객만족 극대화를 최우선적으로 생각하며, 고객만족 향상을 목표로 하는 경영방법이다.

고객만족을 통해 기존 고객의 이탈을 방지하고 고객유지율을 향상시키며 고정고객층이 확보되고 반복구매와 호의적 구전광고효과를 통해 신규고객 창출 및 마케팅 비용 경감을 도모함으로써 기업 이익이 향상되거나 시장점유율도 늘어나게 된다는 것이 고객만족경영의 기본 원리이다.

2) 고객만족경영의 필요성

고객만족경영이론에 관한 대가인 칼 알브레히트는 '고객의 기대는 진화한다.'라는 말을 하였다. 고객의 니즈는 그 변화의 방향을 예측하기가 매우 어려워 고객의 기대에 부응하려면 고객을 직접 접촉하는 노력이 필수적이며 기업은 고객의 기대를 충족시킬 수 있는 품질을 제공해야 하고 고객의 불만을 효과적으로 처리해야 한다.

고객만족의 배경

기업 이윤이 우선이었던 기업경영은 고객이 기업을 선택하는 시장의 변화에 고객시점에 맞는 마케팅 전략을 하게 되었고 어떻게 하면 판매할 수 있을까?에서 어떻게 하면 기쁨을 줄 수 있을까?에 중점을 두면서 고객만족의 시대가 시작되었다.

고객만족은 다음과 같은 변화에 의해 탄생하게 된 것이다.

MEMO

• 구전효과의 중요성의 인식

고객을 만족시키느냐 못하느냐가 기업의 장래를 결정한다는 것은 너무나도 자명한 사실이다. 과거의 고객 집단을 하나의 소비의 주체로만 인식하던 관점에서 벗어나 고객의 욕구에 의해서 제품을 생산하고 판매하는 고객 지향적인 기업의 관점이 전환되면서 고객의 구전효과의 중요성이 높아지고 이러한 결과가 고객만족을 가져오는 배경이 된 것이다.

• 고객들의 욕구의 다양화

고객들은 소비의 다각화와 개성화로 인해 선호하는 내용이 더 다양해지고 있다. 고객들의 개인주의 성향과 자기만족의 경향에서 소비의 주기가 짧아지고 특정 품종에 대해 더 많은 상품을 구입하는 특징이 있다.

• 시장의 성숙 및 제품 품질의 균일화

고객들의 의식 및 구매성향이 성숙해짐에 따라 제품 및 서비스 품질을 높이기 위한 기업의 노력은 시장의 성숙을 가져왔다. 기업들은 더 이상 제품의 기술적인 면에서 경쟁우위를 유지하기가 무척 힘들며, 고객들은 자신이 이용하는 상품을 경쟁사와 뚜렷이 다르게 인식하지 못하고 있다.

• 경쟁의 과열현상

해마다 신제품을 선보이는 모바일 시장의 경쟁은 전쟁터를 방불케 한다. 하지만 고객들은 각각의 제품의 특성의 다른 점을 뚜렷이 경험하기는 힘들다.

제품과 서비스가 전문화, 고급화, 다양화되면서 체험경제로 경제가 이동하면서 고객들은 제품 혹은 서비스 그 자체의 효용에 만족하지 않고 고품질의 경험을 추구하고 있다. 기업들은 치열한 경쟁 속에서 살아남기 위한 차별화된 전략이 필요하다.

3) 고객만족 마케팅믹스

마케팅믹스란 일정한 환경적 조건과 일정한 시점 내에서 여러 가지 형태의 마케팅 수단을 경영자가 적절하게 결합 내지 조합해서 사용하는 전략을 의미한다.

즉, 어떠한 제품에 사용된 모든 마케팅 전략의 집합체를 조정, 구성하는 일이다.

고객만족 마케팅믹스는 기업 중심의 4P[4]가 아니라 고객 중심의 4C[5]로 보는 견해

MEMO

도 있다.

일반적으로 서비스산업에서의 마케팅믹스 전략은 전통적인 마케팅 믹스 4P와 서비스 특성을 반영한 3P가 더하여진 7P의 전략을 사용한다. 그 요소는 다음과 같다.

(1) Product(상품)

상품을 의미한다. 고객의 욕구를 충족시킬 수 있는 유형, 무형의 것이 모두 해당된다. 마케팅믹스 전략에서 가장 기본이 되는 요소이다.

(2) Price(가격)

서비스를 구매하면서 고객이 지불하는 돈, 시간, 기타 등을 의미한다. 서비스 산업에서의 가격은 상품과 서비스의 효용 및 가치를 의미하기도 한다.

(3) Place(장소 또는 경로)

생산자로부터 고객에게 상품이나 서비스가 전달되는 구조적인 과정을 의미한다. 서비스는 저장이나 보관이 불가능하기 때문에 입지적인 측면이 중요하다. 고객들이 접근하기 편리한 곳에 위치하는 것이 경로관리의 핵심이다.

(4) Promotion(촉진)

기업의 커뮤니케이션 활동을 의미한다. 현재의 고객과 잠재고객에게 상품을 알리고 소비하게 하는 마케팅 활동으로 광고, 홍보와 선전, 판매 촉진 등이 있다.

(5) Process(과정)

서비스 프로세스를 관리하는 것으로 지속적인 고객서비스의 원활한 흐름을 위한 시스템의 개발과 활용을 통해 고객에게 만족을 주는 마케팅믹스의 요소이다.

고객들이 서비스 품질을 느끼게 되는 서비스 접점관리가 강조된다.

---

4) 4P: 기업중심의 마케팅믹스로 Product, Price, Place, Promotion을 말한다.
5) 4C: 고객중심의 마케팅믹스로 Customer Benefit, Cost, Convenience, Communication을 말한다.

MEMO

(6) Physical Evidence(물리적 근거)

서비스 매장의 이미지를 통해 고객에게 만족을 추구하는 마케팅믹스 요소이다.

간판, 조명, 소음, 색상, 주차장 같은 주변적 요소와 직원의 유니폼, 서비스 매장의 공간적 배치, 기능성, 조형물 등을 포함한다.

(7) People(사람)

서비스 산업은 서비스 활동에 참여하는 서비스 직원이 중요하다.

성공적인 서비스 기업들은 인적자원의 중요성을 인식하고 합리적인 인사관리와 교육을 통한 서비스 질의 확보 및 고객만족을 추구한다.

4) 감성마케팅

감성마케팅은 인간은 오감(다섯 가지 감각)에 의해 정보를 받아들인다는 점을 핵심으로 하여 고객의 기분과 감정에 영향을 미치는 감성적인 자극을 통해 기업의 이미지와 유대관계를 강화하는 마케팅 전략을 의미한다.

즉, 고객의 감성에 부합하는 자극이나 정보를 통해 고객과의 유대관계를 강화시키고, 제품에 대한 소비자의 외적인 감정 반응을 일으켜 소비 경험을 제공함으로써 소비자를 감동시키는 전략이라 할 수 있다.

해외 도시를 여행하면서 고객의 이야기를 만들어가는 스토리텔링의 항공사 광고나 유명 호텔들의 자신들의 향을 개발하여 고객들의 후각 경험을 자극하는 향기 마케팅, 미술작품을 전시해 마치 호텔이 아닌 갤러리에 있는 듯한 착각을 하게 하는 등의 마케팅 전략이 감성마케팅의 종류라 하겠다.

인간 중심의 서비스란 고객의 가치를 소중히 여기고 고객의 행복을 추구하는 것이다.

진정성을 가지고 고객의 이야기에 귀를 기울이고 고객의 마음을 읽고 배려하는 서비스맨의 섬세함이야말로 고객만족을 넘어 고객을 감동시키게 될 것이다.

MEMO

고객 감동 서비스 사례

낯선 미국 부모 품에서 울던 입양아 돌본 승무원

인터넷에 아시아나항공 승무원들을 칭찬하는 글이 올라와 누리꾼들에게 감동을 주고 있다. LA행 기내에서 우는 한국인 입양아를 장시간 비행 중 정성스레 돌봐줬다는 이야기이다.
해당 글 작성자는 "지난달 25일 인천 발 - LA행 비행기에 탄 미국인 부모 품에서 찢어지게 울던 한국아이를 정성껏 돌봐주던 모습이 너무 아름다웠다"며 "10시간이 넘는 여정 중 아이 땀을 닦아주고, 업어주고, 재워주는 등 헌신적인 모습에 감동받았다"고 말했다.
이어 "모두가 잠든 밤에도 아이를 업고 있던 모습을 찍었다"며 아이 업은 승무원의 뒷모습을 찍은 사진을 함께 게재했다.
해당 일화의 주인공인 두 승무원 중 심 모씨는 4일 머니투데이와의 전화 인터뷰에서 "실명이 공개되는 것을 원치 않는다."며 "마땅히 해야 할 일을 했을 뿐이다"고 입장을 표했다.
"15개월을 넘긴 아기여서 또렷하게 '엄마'를 찾는데 외국인 부모나 피부나 냄새 등이 다르다보니 예민해진 것 같더라. 너무 안 돼 보였다"고도 말했다.
그는 "나도 쌍둥이 아이를 키웠고, 나와 같이 아기를 본 다른 승무원 이 모씨도 30개월 된 딸이 있어서 남일 같지 않더라"며 "총 비행시간이 11시간이었는데, 비행 초반부터 중간 중간 업고, 밥 먹이고, 재우고 하며 대여섯 시간 정도 돌본 것 같다"고 말했다.
"그날따라 승객 분들도 아기가 입양됐다는 것을 눈치 채고 양해해 주시는 분위기였다"며 승객들의 배려 덕분에 별 무리 없이 비행 서비스를 할 수 있었다고 말했다.
이 글을 본 누리꾼들은 "아이 둘의 아빤데 눈물이 난다", "훗날 그 아이가 고국 대한민국을 아름답게 기억했으면 좋겠다.", "승무원들 마음이 정말 곱고 훈훈하다"는 반응이다.
작성자는 "이 글이 두 분에게 부담이 될까봐 걱정된다"며 "보이지 않는 곳에서 좋은 일 하신 분들이니 큰 위로와 힘이 됐으면 좋겠다."고 밝혔다

출처: 머니투데이(2011. 3. 4)

'생텍쥐페리'의 《어린왕자》의 내용 중에 이런 글귀가 있다.
"세상에서 가장 어려운 게 뭔지 아니?"
"흠, 글쎄요. 돈 버는 일? 밥 먹는 일?"
"세상에서 가장 어려운 일은 사람이 사람의 마음을 얻는 일이란다."

그 어렵다는 사람의 마음을 얻는 일을 해낸 것이 바로 사례의 승무원들이 아닐까 한다.

생각해 봐요

1. 고객으로서 경험한 불만족 사례와 서비스 실패의 원인이 무엇이었는지 이야기해보자.
2. 고객만족경영을 실현한 대표적인 기업에 대해 이야기해보자.
3. 감성마케팅을 이용한 기업 홍보에 대해 이야기해보자.

MEMO

MEMO

PART 03

항공 서비스 커뮤니케이션

CHAPTER

09

서비스 마인드

학습목표

1. 서비스 커뮤니케이션의 기본이 되는 서비스 마인드의 개념에 대해 알 수 있다.
2. 스트레스에 대해 이해하고 스트레스에 대한 대처방법을 알 수 있다.

MEMO

과거에는 기업들 간에 경쟁이 치열하지 않아 상품과 서비스를 판매하는 데 어려움이 없었다. 그러나 요즘은 기업이 제공하는 제품과 서비스의 수준은 나날이 높아지고 있지만 고객의 기대치도 그에 따라 상승하기 때문에 고객의 기대를 뛰어넘는 무엇인가를 만드는 것이 필요하다. 특히, 항공사는 고객이 체감하는 서비스 품질에 있어 인적인 요소가 크게 좌우되기 때문에 객실승무원의 역할이 매우 중요하다고 할 수 있다. 다양한 상황에서 백인백색 각기 다른 고객의 요구를 알아차리고 그에 적합한 서비스를 하는 것은 때로는 어렵기도 하지만 그 과정을 통해서 객실승무원은 직업에 대한 보람과 성취감을 느낄 수 있다. 그러한 서비스 전문가가 되기 위해 서비스 마인드를 정립하는 것은 꼭 필요한 것이며 감정노동자로서 자신의 감정을 관리하는 것이 무엇보다 중요하다고 할 수 있다. 본 장을 통해 서비스 마인드에 대한 개념을 정리하고 자신만의 스트레스 관리방법을 찾을 수 있게 되기를 기대해 본다.

MEMO

01절 서비스 마인드

1) 서비스 마인드의 중요성

서비스업의 팽창과 정신의 가치가 부각되는 요즘 '고객의 만족스런 경험'을 관리하는 측면에서 인적 서비스의 중요성 및 역할이 크게 강조되고 있다.

인적 서비스는 종사자의 서비스 능력, 용모, 기분, 기호와 물리적 환경 등 다양한 요인이 복합적으로 관계하면서 형성되기에, 서비스 상품은 주문에서 전달에 이르는 전 과정에서 인적 서비스 자체가 그 상품의 가치를 증가시킬 수도, 감소시킬 수도 있다(Martin, 1986). 특히, 고품질 서비스를 지향하는 항공사 객실승무원의 고객에 대한 태도는 고객의 항공사에 대한 만족도에 직접적인 영향을 미치기 때문에 매우 중요한 역할을 한다고 볼 수 있다. 이러한 승객과의 상호작용에 있어 항공기 객실승무원의 서비스 마인드가 어떠하냐에 따라 상황에 대한 판단과 반응이 다르게 나오기 때문에 자신의 서비스에 대한 가치관을 확립하고 제대로 된 서비스 마인드를 갖는 것은 매우 중요하다.

서비스 마인드란 상대의 입장에 서서 상대의 컨디션과 상태를 살피고 최상의 기분이 되도록 맞춰주고 배려해 주는 것(kim & shin, 2007)이라 할 수 있다. 즉, 서비스 마인드란 서비스를 제공하는 행위에 대한 자부심과 능동적인 마음가짐으로 고객을 살피고, 고객이 기대하지 않았던 추가 가치를 제공하여 개별적인 감동을 선사하는 것이다. 이 장을 통해 자신만의 서비스 마인드를 정립하여 훌륭한 서비스를 하는 항공사 객실승무원이 되기를 바란다.

2) 고객의 기대

항공사 서비스에 있어 고객은 다음과 같은 승무원에 대한 기대 심리가 있다.

MEMO

- 승무원은 업무에 대한 전문성이 있을 것이다.
- 승무원들은 친절할 것이다.
- 기내 환경은 편리할 것이다.
- 승무원은 나를 환영할 것이다.
- 중요한 사람으로 인식되기를 바란다.
- 기대와 요구를 수용해 주기를 바란다.

3) 고객감동을 위한 서비스 마인드

(1) 겸손의 마음이 우선이다

고객을 향한 마음의 문턱을 낮추는 것이 승무원의 가장 필요한 마음가짐이다. 고객들이 쉽게 다가올 수 없도록 하는 마음의 장애물을 만들지 않는 것이 필요하다. 왜냐하면 마음은 보이지 않지만 은연중에 행동으로 표현되어 상대에게 전달되기 때문이다. 고객이 있기에 승무원으로서 자신도 존재한다는 마음가짐으로 고객을 귀한 존재로 대해야 한다. 특히, 고객의 경제사정, 인종, 블랙 컨슈머 여부 등에 상관없이 귀한 존재로 대할 때 이러한 '겸손'은 신뢰가 되어 되돌아올 것이다.

겸손의 효과

① 오히려 높임을 받게 된다.

② 고객감동을 불러와 고객을 확보하게 된다.

<표 9-1> 겸손 체크리스트

번호	항목	O	X
1	우리의 서비스를 받을 형편이 되지 않는 고객도 존중한다.		
2	나보다 약한 위치의 사람에게 도움을 준 적이 있다.		
3	경제적인 요인으로 고객을 판단하지 않고 모두 공평하게 존중한다.		
4	우리의 고객이 아니라고 무시하지 않는다.		
5	잘 아는 사람이나 모르는 사람에게 모두 친절하게 대한다.		
6	눈앞의 이익으로 사람을 대하지 않는다.		
7	주변의 약한 사람들이 소외되지 않도록 배려한다.		

MEMO

번호	항목	O	X
8	상대의 의견을 먼저 들으려고 노력한다.		
9	내가 최고라는 자만에 빠지지 않고 부족한 점을 찾아 개선하려고 노력한다.		
10	자신에 대한 오만한 태도를 버리고 타인과 협력하려 노력한다.		

☞결과 보기: 위의 체크리스트 중 7개 이상이면 당신은 매우 겸손한 사람입니다. 계속해서 겸손을 실천하세요. 만약 6개 이하라면 조금 더 겸손을 실천하도록 노력해 봅시다.

(2) 고객의 개별 경험을 관리하라

돈이 많아지면 우리는 행복해질까? 대부분의 많은 사람들은 아마도 돈은 많으면 많을수록 좋다고 생각할 것이다. 그러나 연구 결과에 의하면 돈이 많아지면 처음에는 행복해 하지만 곧 익숙해져서 행복감이 줄어들어 원래의 마음상태로 돌아간다고 한다. 이를 진화심리학자 도널드 캠벨(Donard Campbell)은 '행복의 쳇바퀴(Happy Treadmill)'라고 했다. 명성, 부 등을 얼마나 많이 획득했든 간에, 행복 수준은 처음과 같아진다는 것이다. 고객 서비스에 있어서도 이 '행복의 쳇바퀴'는 존재한다. 높은 수준의 서비스라 하더라도 익숙해지면 만족도와 행복감은 줄어들 수 있는 것이다. 특히나 아무리 공손한 서비스라도 내 옆의 고객이 동일하게 제공받는 광경을 목격하게 되면 그것이 당연한 서비스가 되어 감동이 줄어들게 된다. 그렇다면 이 무한경쟁의 시대에 어떤 서비스로 고객을 사로잡아야 하는 것일까? 그 해답은 바로 고객 개인에 맞는 맞춤 서비스로 고객 개별 경험을 관리하는 것이다. 예를 들어, 같은 비행기에 바로 옆자리에 앉아 있는 두 고객이 있다고 가정해 보자. 같은 상황에 있는 사람이라 하더라도 한 사람은 땀을 흘리고, 옆 사람은 추워하며 이불을 턱 밑까지 끌어당길 수 있다. 센스 있는 승무원이라면 고객을 잘 관찰하여 더워하는 사람에게는 차가운 물을, 추워하는 사람에게는 따뜻한 차를 권하여야 한다. 고객이 보내는 세세한 정보를 놓치지 않고 먼저 반응하는 것, 이것이 바로 고객만족을 넘어 감동으로 가는 지름길이다. 고객의 경험에 진심으로 관심을 갖고 관찰하며 그들보다 한 발 더 앞서서 생각해야 고객감동의 서비스가 이루어진다.

고객에게 도움을 주는 방법은 두 가지가 있다. 첫 번째는 고객이 요청할 때 도움을 주는 방법이고 두 번째는 고객이 도움을 요청하지 않아도 도움을 먼저 제공해 주는 방법이다. 고객 서비스에 있어 첫 번째 방법인 달라고 할 때 가져다 주는 것은 당연한 것이고

MEMO

어느 누구도 할 수 있을 만큼 매우 쉽다. 그러나 두 번째 방법으로 제시한 '고객 요청 전에 먼저 제공해 주는 것'은 깊은 관심 없이는 할 수 없는 행동이다. 음식점에 가서 필요한 것을 달라고 할까 말까 망설이는데, 서빙 하는 직원이 말하지 않았는데도 센스 있게 먼저 제공했을 때의 고마움을 기억해 낼 수 있다. 생각하지 않았을 때 기분 좋게 해주는 서비스, 이것이 고객에게 기분 좋은 개별 경험을 제공하는 것이다.

고객의 개별 경험을 관리한 사례

필자가 자주 가는 마트가 있다. 그곳은 다른 마트와 다르게 계산 후 영수증과 물건을 한 번 더 확인하는 절차가 있다. 10여 년 전 그곳을 다니기 시작한 초기에는 아이가 어려서 한 손에는 아이를 안고 한 손으로는 카트를 밀어야 했기 때문에 영수증을 꺼내서 보여줘야 하는 그 프로세스가 매우 불편하게 느껴졌다. 손님을 못 믿나 하는 생각도 들었다. 그러나 그 불편할 수 있는 절차를 매우 즐거운 경험으로 바꿔준 직원이 있었다. 영수증과 물건을 검시하는 그 직원은 고객 개개인의 눈을 마주치며 개인의 상황에 맞는 맞춤인사를 하는 것이었다. 나와 아이에게는 "어머, 우리 아기 많이 자랐네~"하며 영수증에 하트, 별, 반달 등 아이가 좋아할 만한 그림을 그려 주었고 아이는 집에 가는 내내 그 직원이 그려준 그림과 관련한 이야기도 하고 노래도 하며 즐거워했다. 그 직원은 매번 갈 때마다 알아봐주고 늘 인사를 건네주었고 그것은 특별한 경험을 선물받은 느낌이었다.

(3) 고객 맞춤 서비스를 실현하자

만약 20대 초반의 여대생이 화장품가게를 방문했는데, 직원이 50대 여성용 고가의 고기능성 주름 개선 크림을 권한다면 어떨까? 아마도 센스 없다고 생각할 것이다. 이렇듯 아무리 좋은 제품이라도 상대에게 필요 없는 것이라면 무용지물이 될 수밖에 없다.

고객은 우리의 일반적인 잣대로 재어지지 않는다. 왜냐하면 바로 사람이기 때문이다. 고객은 외모, 성격, 사는 곳, 가족관계가 다 다르듯이 각기 다른 취향을 가지고 있다. 이러한 각양각색의 고객을 미루어 짐작해서 임의적으로 판단하지 말고 고객이 원하는 것을 파악해서 맞춤 서비스로 반응하여야 한다.

고객이 원하는 것을 알기 위해서는 사람의 욕구에 대해 이해할 필요가 있다. 이 '원하는 것'을 심리학적으로 표현하면 '욕구'라 할 수 있는데, 사람에 따라 각기 다른 욕구를 지니고 있다. 윌리엄 글라서(William Glasser)가 말한 사람의 5가지 기본 욕구를 보면

MEMO

서 나와 내 주변 사람들의 주요 욕구를 떠올려 보자. 나중에 고객에게 적용해 보기가 더 쉬울 것이다.

인간의 5가지 기본 욕구

① **생존의 욕구**

생존의 욕구는 가장 보편적이며 기본적인 욕구이다. 생명을 유지하고 생식을 통해 종족을 보존하려는 속성이 있다. 이는 누구나 다 있는 욕구이지만 이 욕구가 특히, 더 강한 사람들은 건강에 대한 염려, 안정된 미래를 위한 저축, 성적인 관심, 외모를 가꾸는 것, 돈에 대한 관심이 특히, 더 많다고 볼 수 있다. 이들은 보수적인 경향이 강하며 안전과 안정에 가치를 둔다.

② **사랑과 소속감의 욕구**

이 욕구가 강한 사람들은 사랑하고 사랑받고 협력하고자 하는 속성이 있다. 이 유형의 사람들은 주변 사람들을 잘 돌보고 주변 사람과 잘 지내고 싶은 욕구가 강하다. 따라서 친구를 사귀고 집단에 소속되는 것을 즐긴다. 이들은 친절하고 마음이 약한 특징이 있다.

③ **힘과 성취의 욕구**

이 유형의 사람들은 경쟁하고 성취하는 것을 중요하게 생각하고 경쟁에서 승부욕과 성취감을 갖고 싶어 하는 속성이 있다. 부와 사회적 지위를 목적으로 노력하는 유형으로 자신의 마음대로 밀고 나가려는 성향이 강하며, 이에 동의하지 않을 때는 처벌하려 하는 경향도 있다.

④ **자유의 욕구**

자유의 욕구가 강한 사람들은 구속받기 싫어하고 자유롭고 싶어 하는 것이 강하다. 정해진 일보다는 다양성 속에서 자신을 찾고 싶어 하는 속성을 지니며, 이들은 속박당하는 것도, 속박하는 것도 싫어해서 자신만의 방식대로 살고 싶어 한다.

MEMO

⑤ **즐거움의 욕구**

이 욕구가 강한 사람들은 큰소리로 웃기를 좋아하고 유머를 사용하거나 듣는 것을 즐거워한다. 많은 것을 배움으로써 즐거움을 알고, 놀이를 통해 즐기고자 하는 욕구와 속성이 있다. 이 유형의 사람들에게는 웃음을 선사해 주면 매우 좋아한다.

인간의 욕구는 아주 단순한 것 같지만 행동을 결정하는 중요한 기준이 된다. 고객이 나의 서비스를 통해 우리 항공사의 충성고객이 되게 하려면 늘 고객의 행동을 유심히 관찰하고 고객이 원하는 것을 제공하여 맞춤 서비스를 실현하여야 한다.

생각해 봐요

☞ 주변 사람들 중에서 다음의 욕구가 강한 사람들을 떠올려 봅시다.

생존의 욕구 →

사랑과 소속감의 욕구 →

힘과 성취의 욕구 →

자유의 욕구 →

즐거움의 욕구 →

☞ 고객 응대 시 다음의 욕구를 채워 줄 수 있는 방법들을 적어 봅시다.

생존의 욕구 →

사랑과 소속감의 욕구 →

힘과 성취의 욕구 →

자유의 욕구 →

즐거움의 욕구 →

MEMO

생각해 봐요

☞ 감동을 주는 서비스를 받아본 적이 있는지 떠올려 봅시다.

☞ 감동 어린 서비스를 해 본 경험에 대해 함께 이야기해 봅시다.

기억해 봐요

"인생은 서비스다. 발전하는 사람은 다음에 오는 사람에게 조금이라도 더 많은, 그리고 조금이라도 더 나은 서비스를 제공하는 사람이다."

- 스태틀러(Ellsworth Milton Statler)

MEMO

02절 항공기 객실승무원의 스트레스 관리

서비스 산업은 21세기 대표 산업이자 급속도로 확대 성장하고 있는 추세이다. 특히, 항공사에서 객실승무원의 서비스는 고객만족과 직접적으로 연결되므로 항공사는 경쟁우위 확보와 경쟁력 향상을 위해 인적 서비스 품질을 강조하고 있다.

다른 형태의 노동과는 달리 서비스 노동은 독특한 특성을 가지고 있는데, 서비스 노동에서 직원과 고객 간의 상호작용의 질은 그 자체가 고객에게 전달되는 서비스로서 제품의 일부분이라 할 수 있다. 따라서 항공기 객실승무원은 다양한 상황에서 고객만족이라는 성과를 얻기 위해 자신의 부정적인 감정 표현을 자제하고, 긍정적인 감정을 표현해야 하므로 그 과정에서 높은 직무 스트레스를 느끼게 된다.

안전보건공단이 발간한 '감정노동자의 직무 스트레스' 보고서를 보면, 서비스직 종사자 3,065명 중 심리상담이나 정신과 치료가 필요한 우울증 증세를 겪고 있는 경우가 26.6%에 달했다(2015년). 이러한 조사 결과는 감정노동으로 나타나는 스트레스로 인해 스마일 증후군, 우울증, 무력감 등 정신적으로 심각한 위험에 노출되어 있는 서비스직 종사자의 현재 상태를 반영한다. 따라서 감정노동으로 인한 다양한 직무 스트레스는 본인뿐만 아니라 고객에게도 전달될 수 있으며, 직업 유지에 방해가 되기 때문에 중요하게 다루어져야 한다.

본 절에서는 스트레스의 정의, 지각되는 스트레스 정도, 스트레스가 인체에 미치는 영향, 스트레스의 원인과 대처방안의 순으로 스트레스에 대해 이해하고 현명하게 대처하는 방법을 모색해 보고자 한다.

1) 스트레스의 의미

(1) 스트레스란?

스트레스(Stress)는 '팽팽하게 죄다'라는 의미의 라틴어 'Stringer'에서 유래된 것으로 삶을 팽팽하게 죈다는 뜻이다. 마음의 안정이나 남과 어울려 사는 것에 큰 불편을 주는

MEMO

육체적 · 정신적 긴장 및 그러한 긴장을 유발하는 것들을 흔히 '스트레스'라고 한다.

또한 스트레스에 강하게 지속적으로 노출될 경우 정신적 · 정서적 고갈상태를 경험하는데, 이를 소진(Burnout)이라 한다. 소진 증상을 겪는 사람들은 주로 지속적인 긴장, 우울감, 의욕상실, 냉소적이거나 무관심의 태도를 보이며 자주 아프고 결석이나 결근을 자주하게 된다. 또한 알코올이나 담배와 같은 위안물에 점점 더 의존하게 된다.

(2) 스트레스의 속성

스트레스의 속성은 다음과 같다.

① 스트레스는 정서적 · 감정적 · 심리적인 영역뿐만 아니라 신체적인 영역에서도 나타난다.

② 스트레스는 지각하거나 경험하지 않으면 일어나지 않는다. 지각된 스트레스를 실제적(actual) 스트레스라고 하고 지각되지 않은 스트레스를 잠재적 스트레스라고 한다.

③ 스트레스는 아주 없거나 너무 많을 경우에는 부정적 스트레스(distress)로, 적정수준으로 유익한 것은 긍정적 스트레스(eustress)로 구분된다.

④ 스트레스는 어느 정도 있느냐의 문제이므로 자신이 어느 정도의 스트레스를 경험하고 있는지를 측정해야 한다.

2) 스트레스 진단

다음의 문항들에 해당하는 내용을 최근 1개월 동안 얼마나 자주 느꼈는지 표시하시오.

<표 9-2> 스트레스 진단지

no.	문항 <전혀 없었다 0 가끔 있었다 1 자주 있었다 2>	빈도
1	아침에 눈을 뜨는 게 두려운 적이 있다.	
2	늘 쫓기는 느낌이 든다.	
3	나에 대한 안 좋은 소리나 소문에 시달린 적이 있다.	
4	매사에 집중이 안 되고 일의 능률이 떨어진다.	

MEMO

no.	문항 <전혀 없었다 0 가끔 있었다 1 자주 있었다 2>	빈도
5	쉽게 부끄러워하고 상대방의 반응에 몹시 민감하다.	
6	식욕이 없어서 잘 안 먹거나 갑자기 폭식을 한다.	
7	일의 분배가 불공정하게 이루어진다고 생각한 적이 있다.	
8	기억력이 나빠지고 잘 잊어버린다.	
9	동료가 제멋대로 행동한 적이 있다.	
10	잠을 자는 시간이 가장 좋다.	
11	집안 식구들로부터 가정에 소홀하다는 소리를 들은 적이 있다.	
12	시간 약속 때문에 압박감을 느껴본 적이 있다.	
13	납득할 수 없는 요구 때문에 골치가 아프다.	
14	내가 하는 일이 지겹게 느껴진다.	
15	혼자 있는 것이 편하다.	
16	생각이 많아져서 일이 늦어진다.	
17	잠에 잘 못 들거나 깊은 잠을 못 자고 깨는 편이다.	
18	만사가 귀찮고 피로감을 자주 느낀다.	
19	강하다는 소리를 종종 듣는다.	
20	언동이 거칠어진다.	
21	동료와 말다툼을 한 적이 있다.	
22	나의 의견이 무시당한 적이 있다.	
23	남들과 터놓고 속 이야기를 하는 걸 꺼린다.	
24	업무 중 때로는 도망가고 싶다.	
25	나는 남들보다 특별했으면 좋겠다.	
26	느닷없이 화가 치밀어 오를 때가 있다.	
27	내 의지와는 전혀 상관없는 일을 한다.	
28	이직을 생각한 적이 있다.	
29	텔레파시, 육감, 사주를 믿는다.	
30	귀가 얇은 편이다.	

☞스트레스 진단 및 해석
0~12점: 현재 특별한 정서적 불편을 느끼지 않는 상태
16~25점: 약간의 스트레스가 의심되며 예방책이 필요
26~40점: 중증도 스트레스가 있으며 주변사람들의 적극적인 도움을 받아야
41~60점: 고도의 스트레스로 인해 반드시 전문적인 치료를 받아야

MEMO

3) 스트레스가 인체에 미치는 영향과 초기 경고

(1) 스트레스가 인체에 미치는 영향

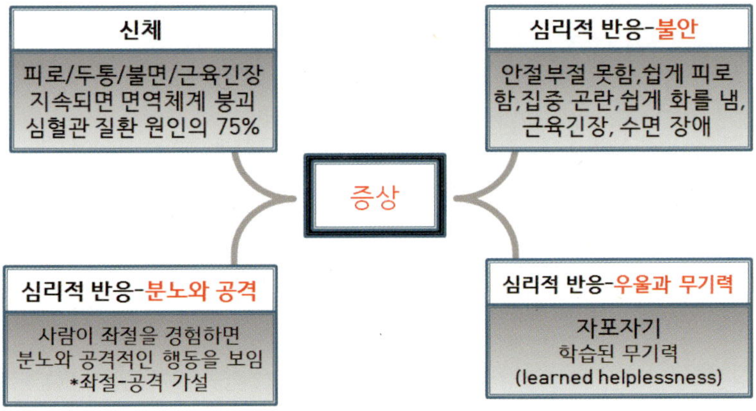

(2) 스트레스의 초기 경고

- 두통, 수면장애, 위장장애, 집중력 저하가 자주 있다.
- 조급해져 사소한 일에도 짜증이 난다.
- 일이나 주어진 상황에 대한 불만족감이 생긴다.

4) 스트레스의 원인

(1) 스트레스의 외부 원인

① 생활환경의 변화

경제적, 사회적, 정치적 및 기술적인 변화와 불확실성(배우자의 사망, 이혼, 결혼, 해고, 입학, 경제사정의 변화 등)

② 물리적 변화

기후, 물, 공기, 주거 환경 및 직무환경(소음, 조명도, 온도, 공간 넓이) 등

MEMO

③ 그 밖의 상황적 원인

사람들 간의 사회적 관계에서 경험하는 요인들, 예를 들면 타인의 무례함, 타인과의 갈등, 가족 간의 문제 등

(2) 스트레스의 내부 원인

① 비현실적인 동기

동기의 목표가 부적절하거나 과도하게 잡혀 있는 경우 일상에서 스트레스 반응을 유발하기 쉽다.

② 비합리적 신념

'나는 세상 모든 사람에게 사랑을 받아야 해!'하는 동기는 어쩌면 '나를 아는 모든 사람으로부터 사랑을 받아야만 가치 있는 사람이 되는 거야'하는 믿음이 원인이 될 수 있다. 이러한 비합리적 신념은 좌절이라는 결과를 가져와 스트레스의 원인이 될 수 있다.

③ 성격요인

개인의 성격 혹은 행동특성에 따라 스트레스를 더 받는 경우가 있다. 스스로에게 과도한 목표 설정을 하고 미리 걱정하며, 대인관계에서 경쟁적이고 적대적인 성향을 지닌 특성을 가진 성격의 사람들은 스트레스를 더 받을 확률이 높다. 또한 반대로 자기주장이 약하며 타인의 기대를 만족시키기 위해 노력하는 경향이 강한 억제적 유형도 만성 스트레스로 인해 면역반응 손상과 관련될 확률이 높다고 한다.

④ 신체요인

몸과 마음은 연결되어 있기 때문에 몸이 아프면 스트레스가 증가될 수 있고, 스트레스의 반응으로 몸이 아플 수도 있다. 몸을 건강하게 관리하는 것만으로도 스트레스를 줄일 수 있다.

MEMO

5) 스트레스 대처방안

스트레스를 받을 때 어떤 대처방식을 선택하느냐에 따라 스트레스가 해소될 수도 가중될수 도 있다. 잊으려 노력하거나 과식, 과음 혹은 공격적인 행동 등은 스트레스의 근본적인 원인을 해소하는 데 도움이 되지 않는다.

다음은 스트레스에 대한 효과적인 대처방식이다.

① 이완

하버드 의대 허버트 벤슨(Herbert Benson) 교수는 이완반응이 교감신경계의 작동을 줄이고 부교감신경을 작동시켜 이완반응을 불러와 두려움을 진정시킨다고 설명했다. 하루 두 번 20분씩 명상을 이용한 이완반응을 함으로써 고혈압, 협심증, 불안공포증, 두통, 불면증, 트라우마 등에 치유효과를 볼 수 있다고 한다.

② 호흡법

스트레스는 긴장상태이기 때문에 스트레스를 받으면 호흡이 빨라지고 몸에 힘을 주게 된다. 제대로 된 명상을 통한 이완을 하는 것이 좋겠지만 그럴 여유가 없다면 일상에서 천천히 호흡을 하는 것만으로도 몸의 긴장상태를 완화시킬 수 있다. 쉽게 적용해 볼 수 있는 4 - 4 - 5호흡법을 소개해 보자면 우선 천천히 '하나, 둘, 셋, 넷'까지 세면서 코로 숨을 들이마시면서 배를 공기로 풍선처럼 부풀린다. 다음 숨을 멈추고 '하나, 둘, 셋, 넷'까지 세고, 배에서 공기가 다 빠져 나갈 때까지 '하나, 둘, 셋, 넷, 다섯'까지 세며 숨을 내쉰다. 일상에서 이 4 - 4 - 5호흡법을 사용하는 것만으로도 긴장이 풀리고 뇌의 알파파 증가로 인해 스트레스를 다스리는 데 유용할 것이다.

③ 생각 바꾸기

상황 그 자체보다도 그 상황을 자신이 어떻게 해석하느냐에 따라 감정이 달라진다. 우리는 우리의 감정과 생각을 다스릴 수 있다는 것을 잊지 말아야 한다. 우울한 감정과 분노, 불안이 올라온다면 그러한 감정의 원인을 찾아보는 것이 스트레스를 다스리는 데 도움이 된다.

MEMO

스트레스를 받을 때 스스로에게 던져보면 좋을 질문들은 다음과 같다.

- ☑ 이 상황의 증거는 무엇인가? 내 정보의 근원은 정확한가?
- ☑ 나는 상황을 충분히 알고 걱정하는가?
- ☑ 나는 흑백 논리로 생각하고 있는 것은 아닌가?
- ☑ 나는 지나간 불필요한 기억에 매달리고 있지는 않은가?
- ☑ 문제를 위해 내가 할 수 있는 일은 무엇인가?!

④ 자기 주장하기

상대방을 비난하지 않고 자신의 생각과 감정, 욕구를 표현하는 것은 자아 존중감을 높이고 스트레스를 다스리는 데 효과적이다. 자신의 감정을 들여다보기와 나 - 전달법을 사용하는 것을 통해 스트레스를 완화할 수 있다.

⑤ 운동하기

적당한 운동을 하면 체내의 여러 가지 스트레스를 유발하는 호르몬이 줄고, 엔도르핀이 나와 몸과 마음이 이완이 된다. 하루 30분 정도의 운동으로도 스트레스로부터 오는 긴장을 푸는 데 효과적이다.

생각해 봐요(스트레스 대처방식에 관한 질문)

☞ 스트레스를 받으면 주로 어떤 방법을 사용하나요?

☞ 그 방법의 장·단점을 적어봅니다.

☞ 나의 스트레스를 다스리는 데 도움이 될 만한 대처방법을 적어봅시다.

CHAPTER

10

의사소통의 이해

학습목표

1. 의사소통의 개념에 대해 알아본다.
2. 의사소통의 기초에 대해 이해하고 효과적인 의사표현법을 익힐 수 있다.

MEMO

의사소통은 항공사 객실승무원과 고객을 이어주는 매개체이다. 의사소통을 통해 승무원은 고객의 상황과 요구를 정확하게 파악할 수 있고 해소해 줄 수 있으며 그 과정에서 고품질의 대화법이 더해진다면 수준 높은 고객 서비스가 가능해진다. 그러나 의사소통이 잘 되지 않으면 오해를 불러와 서비스 실패로 이어질 수 있다.

또한 의사소통은 고객과의 관계뿐만 아니라 여러 영역의 사람들과 불필요한 갈등 없이 친밀하고 원만한 관계를 형성함으로써 우리의 삶을 풍요롭고 행복하게 만들어 줄 수 있다. 따라서 언어적 · 비언어적인 수단을 통해 감정이나 의견, 정보 등을 나누는 의사소통의 방법에 대해 이해하고 실생활에 적용한다면 그 과정을 통해 훨씬 더 성숙한 승무원으로서의 자질을 갖추게 될 것이다.

MEMO

01절 의사소통의 이해

1) 의사소통의 정의와 중요성

의사소통은 라틴어 'communis'에서 온 말로 '공동의 것으로 만들다', '나누다', '전달하다', '참여하게 하다'라는 의미를 포함한다. 따라서 의사소통은 한 사람이 다른 사람을 이해하고 영향을 주며 다른 사람을 이해하는 데 사용되는 모든 수단이 된다. 또한 개인의 감정, 태도, 신념, 정보 및 사실을 전달하고 전달받는 과정이라 할 수 있다. 의사소통을 잘 하는 사람은 상대가 원하는 것을 잘 알아듣고 내가 원하는 것을 잘 표현하는 사람으로, 타인 존중과 배려의 태도를 바탕으로 한 의사소통의 기술을 습득한 사람은 성공적인 대인관계를 통해 자기존중감과 행복감, 만족감을 느낄 수 있다.

미국 카네기재단에서 성공한 사람 1만 명의 기록을 분석한 결과 기술적인 훈련이나 두뇌의 훈련은 성공요인의 15%에 불과한 반면, 뛰어난 대인관계의 능력은 성공요인의 85%가 된다는 결론을 내렸다. 또한 하버드대학 직업지도부 조사에 따르면 해고당한 수천 명의 사람들 중에서 대인관계가 서툴러서 해고당한 사람이 직무수행을 잘못해서 해고당한 사람보다 두 배나 많았다는 것은 대인관계와 의사소통의 중요성을 설명한다.

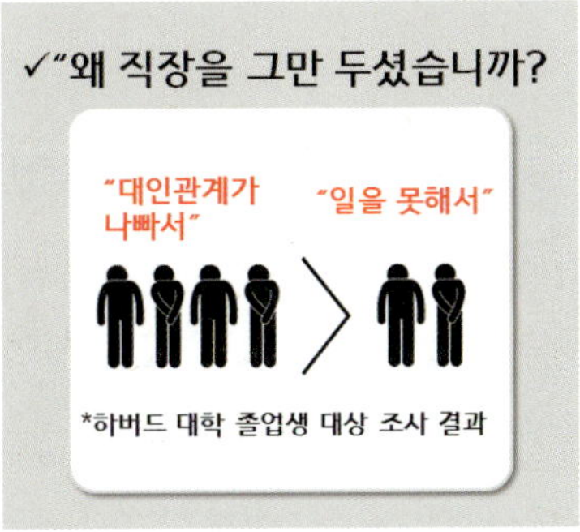

2) 의사소통의 형태

의사소통의 형태는 크게 언어적 의사소통과 비언어적 의사소통으로 나눌 수 있다.

(1) 언어적 의사소통

언어적(verbal) 의사소통은 인지적 · 감정적 메시지가 단어나 억양, 말의 속도 등에 의

MEMO

해 전달되는 것을 말한다. 언어적 의사소통은 말하기와 쓰기로 정보를 교환하는 것으로 메시지를 효과적으로 전달하기 위해 사용되는 단어를 적절하게 선택하여야 한다.

효과적인 언어소통을 위해 고려해야 할 내용은 다음과 같다.

① 명료성과 단순성이다

언어적 의사소통 시 명료성의 목적은 주로 어떤 상황에 대해 무엇을, 어떻게, 왜, 언제, 누가, 어디서인지를 알 수 있도록 하는 것으로 말을 천천히, 정확히 발음해야 하며 상대방이 말의 의미를 이해하지 못했을 때는 다시 설명해 주어야 한다. 단순성은 일반적으로 이해하기 쉬운 단어를 사용하며, 간단하면서 짜임새가 있음을 의미한다.

② 말하는 속도 및 목소리의 높낮이, 강세를 활용한다

언어적 의사소통은 적당한 속도로 표현될 때 더욱 효과적이다. 너무 빠르면 긴장감을 주며, 너무 천천히 말을 하는 것은 듣는 사람으로 하여금 지루하고 흥미가 없어지게 할 수도 있다. 고저강약이 없는 일정한 톤의 목소리는 전달이 잘 안 된다. 말의 높낮이를 적절히 조절하고 중요한 부분에 강세를 두어 말하면 더욱 명확하게 의사가 전달된다.

③ 적응성과 진실성이 중요하다

말을 할 때는 상대의 반응에 따라 메시지를 변형해야 한다. 또한 효과적인 의사소통에서 가장 중요한 것은 진실성이다. 진실성이란 마음의 거짓 없이 진솔한 모습으로 상대방에게 말하는 것이다.

Powell(1990)은 대화의 5단계를 <표 10 - 1>과 같이 설명했다.

<표 10 - 1> 대화의 5단계(Powell(1990))

1단계	상투적 표현의 단계	"잘 지내십니까?" 정도를 나누는 형식적인 단계
2단계	사실과 보고의 단계	객관적 사실과 정보교환의 단계. "팀장님, 보고 드리겠습니다."
3단계	의견과 판단의 단계	의견을 나누는 단계: "저의 판단으로는 아직 이른 시기인 것 같아요"
4단계	감정과 직관의 단계	서로의 감정과 느낌을 나누는 단계: 가족, 친구
5단계	최상의 진실의 단계	정신적 교감: 소울 메이트

MEMO

(2) 비언어적 의사소통

비언어적(nonverbal) 의사소통이란 구두 혹은 문서화된 언어를 사용하지 않고 메시지를 전달하는 커뮤니케이션으로 몸짓, 자세 같은 신체언어(Body language)를 의미한다.

앨버트 메라비언(Albert Mehrabian)에 따르면 대면(對面, face-to-face) 커뮤니케이션은 어휘, 목소리 톤, 신체 언어 3요소로 이루어지는데, 상대에게서 받는 인상에서 메시지 내용이 차지하는 것은 7%뿐이고, 38%는 음색, 어조, 목소리 등의 청각 정보, 55%는 눈빛, 표정, 몸짓 등의 시각 정보라고 했다. 이러한 비언어적 의사소통에 대해 살펴보면 다음과 같다.

① 신체를 통한 비언어적 표현

행위가 동반되지 않고 보여지는 외모 등을 통한 이미지인 외형적 요인과 표정, 자세, 몸의 움직임 등의 몸짓 언어

② 음성을 통한 비언어적 표현

음성의 고저, 강약, 말씨 등의 음성을 통한 비언어적 표현

③ 공간 언어

상대와의 거리, 물리적 환경, 자신의 영역 확보, 시선처리 등의 비언어적 요소이다.

홀(Hall, 1966)은 물리적 거리는 심리적 거리와 비례한다는 이론으로 공간언어에 대해 제시하였다.

<표 10-2>대인적 상호작용과 심리적 거리(Hall, 1959)

친밀한 거리	0~45cm	정서적으로 가까운 사람만이 그 안으로 들어가는 것이 허락되는 거리
개인적 거리	45~1.2m	가족이나 친구, 직장에서 동료들과 지낼 때 등 보통 다른 사람과 유지하는 거리
사회적 거리	1.2~3.6m	비개인적인 용무로 함께 일하거나 평상적인 사회적 모임에서, 공식적인 사업상의 만남을 위한 거리 등 잘 모르는 사람들과 유지하는 거리
공공적 거리	3.6m 이상	청중 앞에서 연설할 때 유지하는 친밀감이 없는 거리

MEMO

02절 의사소통의 기초

1) 경청하기

우리가 타인의 말을 '잘 듣는다'는 것은 상대방이 보내는 언어적인 메시지와 비언어적인 메시지를 함께 듣는 것을 뜻한다. 언어적인 메시지를 듣는다는 것은 상대방에게 일어난 경험, 경험으로 인해 생긴 감정이나 느낌을 이해하는 것이다. 이때 비언어적인 메시지인 행동(몸 움직임, 제스처), 목소리와 관계된 것들(미소, 얼굴 표정, 목소리의 높낮이, 억양, 말의 간격, 강조, 멈춤, 침묵 등), 신체반응(호흡, 얼굴 붉힘, 창백함 등)까지도 함께 고려하면서 듣는 것을 의미한다.

상대방의 이야기를 적극적으로 경청한다는 것은 몸을 상대방 쪽으로 향하고 잘 듣고 있다는 반응을 해가면서 듣는 것이다. 대화 중에는 시선을 상대에게 향하고 긴장을 풀며 자연스럽게 상대에게 초점을 두는 자세를 취한다.

경청할 때는 내가 지닌 문화적 배경과 교육, 경험 등으로 상대의 이야기를 들을 때 편견을 가질 수 있다는 점을 염두에 두어야 한다. 상대방의 이야기를 제대로 파악하지 못하는 이유는 우리가 듣고 싶은 것만 듣기 때문이다.

✓경청- 어떻게 들을 것인가

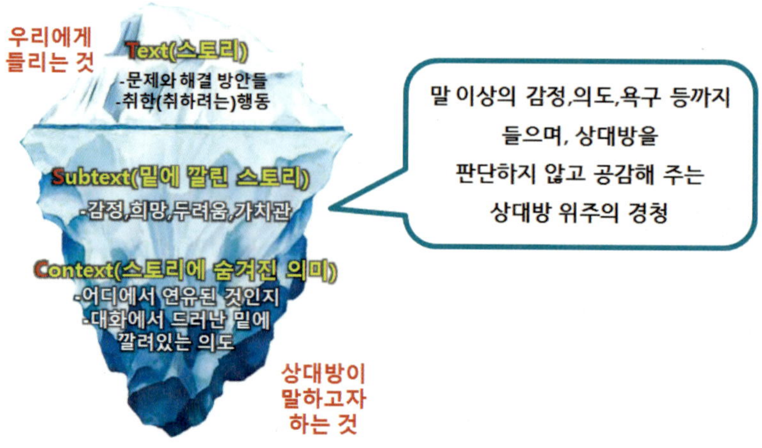

MEMO

2) 존중

존중이란 사람을 소중히 여기며 바라보는 것이다. 대인관계에서 존중이란 타인을 귀한 존재로 받아들이는 것을 의미한다. 우리가 상대방을 인간적으로 존중하게 되면 기꺼이 상대방과 의미 있는 관계를 맺을 준비가 되는 것이다. 상대방이 나를 얼마나 존중하고 진심을 기울여 대하는가를 대화 중에 알 수 있는 것처럼 상대방도 내가 얼마나 상대를 존중하고 진심으로 대하는지를 느낄 수 있다. 이러한 존중을 표현하는 구체적인 방법은 부드러운 목소리와 친절한 얼굴 표정, 자세, 눈 맞춤, 적당한 거리 등으로 따뜻한 태도를 전달하는 것이다.

3) 공감

공감이란 타인의 감정, 행동과 경험을 타인과 거의 같은 내용과 수준으로 이해하는 것을 뜻한다. 우리가 적극적으로 경청한다는 것은 상대방의 세계 속에 들어가서 그의 세계 속에서 감정을 느끼고 세상을 바라보며 정확하게 이해하고 느낀 감정을 말로 표현해서 상대방에게 전달해 주는 것이어야 한다. 공감하는 능력을 키우려면 대화를 하면서 생각할 여유를 가지고 '그가 표현한 감정은 무엇일까', '핵심 메시지는 무엇일까'를 스스로 질문하고 생각해야 한다. 상대방에게 공감을 전달할 때는 말과 행동, 태도를 일치시키며 상대방의 언어를 사용해서 전달하며 전달 내용은 정확해야 한다.

MEMO

03절 의사소통기술

1) 감정인식

인간은 인지, 정서, 행동이 서로 영향을 주고받는 존재이다. 정서, 즉 감정은 현재 자신의 욕구나 사고를 들여다 볼 수 있는 통로의 역할을 한다. 우리가 기쁘다고 할 때 무엇 때문에 기쁨을 느끼는지를 질문하게 되면 내 자신이 현재 무엇의 영향을 받고 있고 그로 인해 어떤 생각을 하여 기뻐하게 되었는지를 알 수 있기 때문이다. 우리는 인간관계에서 감정을 느끼고 살지만 느끼고 있음을 인식하지 못하고 지나쳐 버리는 경우가 대부분이다. 대인관계에서 내 자신과 상대방의 감정을 잘 인식하고 공감하기 위해서는 어떠한 감정을 느끼는지를 잘 알고 있는 것이 중요하다.

* 다음의 경우에 어떤 감정을 느끼는지를 공감해봅시다.

상황 예시 1

은영이는 학교 졸업 후 오랜만에 같은 동기인 선우에게 전화를 하여 안부를 물었다. 선우가 바쁘다며 나중에 전화하겠다고 한 후 이틀이 지났는데도 전화 연락이 없다. 은영이는 어떤 감정을 느끼고 있을까?

상황 예시 2

미희는 직장동료인 영선이를 친절하다고 생각하고 있었다. 그런데 미희가 없을 때 영선이가 미희의 험담을 한다는 사실을 알게 되었다. 그래서 다른 동료들이 자신을 나쁘게 오해할 수 있겠다는 생각이 들었다. 미희는 영선이와 다른 회사 동료들에 대해 어떤 감정을 느낄까?

MEMO

2) 공감 전달하기

상대방이 느끼는 감정을 내가 이해하였음을 전달하는 것이다. 상대방이 직접 자신의 감정을 표현하면 "아, 그렇군요" 또는 "아, ~하게 느끼시는군요." 라고 그대로 표현한다. 상대방이 말로 직접 자신의 감정을 표현하지 않더라도 언어적 · 비언어적 메시지로 표현된 감정을 읽어서 "~한 일로 ~하게 느끼시는군요."라고 표현하면 된다.

"당신은 ~한 상황에서 ~한 기분을 느꼈군요."

"~의 일로 걱정이 되시는군요."

3) 주장의 기술

자기 표현의 방식을 세 가지로 나누면 소극적 자기 표현, 공격적 자기 표현, 주장적 자기 표현으로 분류할 수 있다.

소극적 자기 표현은 타인의 입장만 배려하고 자기의 욕구와 인격은 침해되도록 허용하여 자신의 욕구와 권리를 솔직하게 표현하지 못하는 것이다. 그래서 자신에 대한 실망과 자책이 뒤따르고 상대방에 대해서는 원망하고 미워하게 된다. 결과적으로 자신의 욕구를 성취하지도 못하면서 대인관계는 소원해지게 된다.

공격적 자기 표현은 자기의 입장만을 강조하므로 타인의 욕구를 무시하고 희생시킨다. 자기 욕구를 달성하기 위해 과격한 표현을 하므로 처음에는 우월감을 느낄지라도 죄의식이 따라오게 된다. 결과적으로 자신의 욕구는 성취하겠지만 상대방은 분노를 갖게 되고 관계가 파괴된다.

주장적 자기 표현은 자기의 입장을 배려하면서도 타인의 권리와 인격을 존중하여 자기의 욕구를 성취하고 타인의 권리를 침해하지 않는 방식이다. 따라서 자기 존중감을 높일 수 있으며 결과적으로 서로 간에 신뢰의 관계를 형성할 수 있게 된다.

MEMO

예) 직장의 친한 동료가 오랜만에 데이트를 하러 가고 싶다며 야근을 대신 해달라고 한다. 나는 어제 야근을 하여 몸이 좀 피곤하다.

"글쎄.... 별수 없네. 해줄게." ( ) 자기 표현
"뭐야? 넌 내가 피곤해 하는 거 안보여? 그러고도 네가 내 친구냐? ( ) 자기 표현
"야근을 대신한다는 것은 내가 좀 무리인 것 같다. 어제 야근을 했기 때문에 피곤하기도 하고 오늘은 감기기운이 있어서 대신 할 수가 없구나. 네가 다른 날로 약속을 잡으면 어떨까 싶다. ( ) 자기 표현

자기 표현을 해야 하는 경우는 여러 상황이 있다. 다음의 주장 기술을 익힌다면 대인관계에서 생기는 어려움들을 해결하는 것이 한층 더 쉬울 것이다.

- 긍정적인 감정 표현하기(구체적으로 진지하게)
- 부정적인 감정 표현하기(상대방의 잘못보다는 그로 인한 내 감정 표현 - 상대방 행동의 규제보다는 내 바람을 표현 - 어떤 행동 하지마라 보다는 대안적 행동 제시)
- 부탁하기 - 거절하기(도움을 필요로 하는 상대방의 마음을 충분히 이해 - 도와주지 못하는 구체적인 사유를 표현 - 아쉬운 마음 표현)

4) 나 전달법(I - message)

① 주어를 "나"로 하여 표현한다

우리는 자신의 의사를 표현할 때 흔히 타인에 대해서만 표현하게 된다.

"너는 도대체 왜 그러니?", "너 왜 이렇게 늦었니?"로 표현하기가 쉬운데 이러한 표현방법은 "너"가 주어가 된 "너 - 전달법(you-message)"이다.

이때 상대방인 너(you)를 나(I)로 바꾸어 본다. "나는 네가 늦게 와서 속상해."라고 표현하면 부정적인 감정을 나타내면서도 상대방 입장에서 받아들이기에는 훨씬 부드러운 표현이 된다.

② 감정을 표현한다

흔히 우리는 상대방에게 "너는 왜 안 왔니", "너 나한테 그럴 수 있니?" 라고 판단을

MEMO

통해서 자신의 감정을 표현하는 경우가 많다. 이때 주어를 "나"로 바꾸고 자신이 어떤 감정을 느꼈는지를 감정언어를 사용하여 표현한다.

"나는 오늘 네가 나와 약속을 지키지 않은 것에 화가 난다."

③ 감정을 표현할 때 감정의 배경을 함께 설명한다.

내가 느낀 감정이 "화가 났다"라면 무엇 때문에 영향을 받아서 화가 났는지를 설명하는 것이다. 마찬가지로 긍정적인 감정에 대해서도 무엇 때문에 느끼게 되었는지를 설명한다.

네가 ____ 할 때(하여서)

나는 ____ 느낀다.

④ 상대방과 대화를 할 때는 구체적인 반응을 전달한다

때로 상대방의 문제행동을 지적하면서 "이 게으름뱅이야", "너는 항상 꼴찌이지" 라는 방식으로 상대방의 전반적인 성격특성이나 인격으로 확대시키는 경우가 있다. 이러한 방식은 상대방이 인격이 손상된 느낌을 받게 하고 저항감을 불러일으킨다. 상대방의 문제행동에 대해 언급해야 할 경우에는 구체적인 행동을 들어 말하면 상대방이 무엇이 잘못되었는지를 보다 명확히 알 수 있다. "오늘 늦었구나.", "숙제를 안했구나." 라는 방식으로 표현하는 것이 바람직하다.

⑤ 나 전달법의 핵심요소

'나'를 주어로 하여 상대방의 행동에 대한 자신의 생각이나 감정을 표현하는 방식이다.

- 당신이 수용할 수 없는 상대방의 행동에 대해 간략하게 비난하지 않는 말로 설명,
- 당신의 솔직한 감정을 표현하고
- 그 행동이 당신에게 미치는 분명하고 구체적인 결과를 말하는 것

MEMO

04절 역할극(Role Play)

1) 거절하기

▣ 목표 : 자신의 입장을 정중하게 표현하여 기분 나쁘지 않게 거절하는 의사소통 방안을 배운다.

◇ 상황 : 회사에 입사하여 직장 선배로부터 거절하기 어려운 부탁을 받았을 때 거절하는 상황

신입사원 영희는 선배인 선희로부터 급하게 돈이 필요해서 그러니 돈을 좀 빌려달라는 부탁을 받는다. 얼마 전 적금이 만기되어 목돈이 있다는 사실을 선배가 알고 있어 거절할 만한 변명거리도 없는 상황이다. 더구나 회사에 입사한지 얼마 되지 않아 선배에게 잘 보여야 하는 입장이라 거절하기도 어렵고 그렇다고 돈을 빌려주기에는 불안하여 되돌려 받게 될 것이라는 확신도 없다. 그렇지만 선희에게 잘못 보이면 회사 생활이 편치 않을 것 같은 두려움이 있어 고민이다.

선희(선배) : 영희씨, 제가 부탁이 하나 있는데요. 사실 구체적으로 말씀드릴 수 없는 사정이 생겨서 그런데요. 돈 좀 있으면 좀 빌려주실 수 있으세요?
들어보니까 적금 만기 돼서 목돈이 좀 있다면서요. 이자를 잘 쳐서 줄 테니까 빌려주세요. 자기랑 나랑 하루 이틀 볼 사이도 아니잖아.

★ 당신이 이런 경우라면 어떻게 할까요?

____

____

____

반응 예시 1

영희 : 아니 선배님, 제가 무슨 돈이 있어요. 저 돈 없어요. 빌려드릴 수 있는 돈이 있으면 좋겠네요. 없어요!

MEMO

반응 예시 2

영희: 선배님, 저한테 부탁하시는 걸 보니 아주 급한 일이 있으신가 봐요. 저도 여유가 있으면 도와 드릴 텐데. 어쩌죠. 제가 적금 만기 돼서 받은 돈은 저도 쉽게 써 버릴까봐 불안해서 한동안 은행에 못 찾게 해 놓아서 제가 여유 돈이 없네요. 죄송해요. 다음번에 제가 여유가 생기면 도와 드릴게요.

☞ **거절을 할 때 생각해 봐야 할 점**

- 거절할 때는 거절하는 이유를 확실히 말한다.
- 상대방의 자존심이 상하지 않도록 유의한다.
- 다른 사람을 통해 거절하는 것은 금물이다.
- 여러 사람 앞에서 거절을 삼간다.
- 거절한 뒤에는 다른 일로 도울 수 있는 기회를 찾는다.

2) 조언 · 격려하기

▣ 목표 : 문제를 해결해야 하는 사람에게 내가 바람직하다고 생각되는 방법을 상대방이 받아들일 수 있도록 진심으로 전달할 수 있게 한다.

◇ **상황**

미정: 룸메이트 언니 있잖아. 나랑 성격이 안 맞는 것 같아. 자려고 조용한 때에 시끄럽게 하고 영 불편해. 뭐든지 자기 멋대로야.

반응 예시 1

영선 : 야, 참으면 너 함부로 보고 더 해. 그냥 네 생각 탁탁 말해. 조용히 하라고 한 번 따끔하게 말해 줘.

MEMO

반응 예시 2

영선 : 야, 서로 참고 살아야지. 같은 집에서 살다보면 어쩔 수 없잖아. 누군가는 참아야 하니까 네가 참아라.

반응 예시 3

영선 : 조용히 쉬고 싶을 때 떠들면 참 성가시겠다. 나도 비슷한 경우가 있었는데 나는 내 뜻을 표현했어. (나는 참는 게 낫다고 생각했었어) 나는 그렇게 하는 게 더 좋다고 생각해. 나라면 그렇게 해볼 것 같아. 네 생각은 어떠니? (상대가 반대의사를 표현하면 존중해준다)

☞ **조언을 할 때 생각해 봐야 할 점**

- 상대에게 핀잔을 주거나 이렇게 하라, 저렇게 하라고 일방적인 조언을 하지 않는다.
- 상대의 감정에 대해 공감해준다.
- 스스로 대안을 찾을 수 있다.
- 상대가 내 조언을 원한다고 생각이 든다면 내 의견을 얘기한다.
- 내 생각을 강요하기보다는 내 뜻을 전하고 상대의 의견을 묻는다.

3) 칭찬하기

▣ 목표 : 대인관계에서 타인에게 긍정적 감정을 효과적으로 표현한다.

◇ **상황**

윗집 아주머니와는 요가를 같이 배우러 다니면서 알게 된 사이이다. 얼마 전 엘리베이터에서 윗집아주머니네 딸을 만났다. 인사도 잘하고 예쁘게 생겼었다. 오늘도 요가를 배우러 같이 가기로 했다.

반응 예시

윗집 아주머니: 안녕하세요~ 같이 갑시다.
영희: 얼마 전에 따님을 만났는데 인사도 잘하고 아주 예쁘던데요.

MEMO

☞ 상대방을 칭찬할 때 생각해 봐야 할 점

1. 구체적으로 한다.
2. 지나치지 않게 한다.
3. 상대가 느끼지 못하는 부분을 칭찬한다.
4. 타이밍을 잘 맞춘다.
5. 당사자 주변의 인물을 칭찬한다.
6. 결과보다 과정을 중시한다.

생각해 봐요

☞ 오늘 배운 내용 중 기억에 남는 내용

☞ 그 내용에 대해 느낀 점

☞ 오늘 배운 내용 중 본인의 생활에 적용 가능한 점

☞ 적용 계획

MEMO

CHAPTER

11

서비스 커뮤니케이션

학습목표

1. 고객 서비스 대화 기법에 대해 알아본다.
2. 고객 성격 유형별 응대 기법에 대해 알아본다.

MEMO

"학창시절 ○○항공사를 이용할 당시 승무원의 따뜻한 서비스에 감동받아 승무직을 꿈꾸게 되었습니다." 항공사 승무원을 꿈꾸는 학생들이 면접 시에 자주 하는 말이다. 이렇듯 항공사 객실승무원이 어떠한 태도와 방법으로 서비스를 하느냐에 따라 한 개인의 꿈을 바꿀 수도, 고객의 긍정적인 경험을 만들어 기업의 경쟁우위 달성에 중요한 요소로 작용하게 될 수도 있다. 고객 서비스 시 승무원과 고객과의 상호작용은 필수적인데, 특히나 지상의 서비스와는 달리 한정되고 제한된 기내 공간에서 문화적·사회적 배경이 각기 다른 고객과 상호작용을 통해 고객만족을 이루어 내야 하는 점이 승무원의 가장 어려운 점이다.

고객과의 서비스 접점에서 서비스 제공자의 커뮤니케이션은 고객만족에 중요하게 영향을 미치는 것으로 나타났다(Buzzotta, 1972). 서비스 제공자는 커뮤니케이션을 통해 고객에게 정보를 제공하며 서비스 제공자의 커뮤니케이션이 고객의 서비스 품질 지각과 신뢰도 형성 등에 영향을 미치기 때문이다(김유정, 우종필, 2008). 따라서 서비스 제공자의 커뮤니케이션의 질은 매우 중요하다(김상희, 2007).

이 장에서는 승객들과 가장 오랜 시간 접하게 되는 기내 서비스 상황에서 고객에게 긍정적인 이미지를 줄 수 있는 고객 대화법에 대해 설명하고, 고객 성격 유형별 응대 기법을 정리하였다. 이 시간에 배운 것을 잘 적용하여 멋진 항공사 객실승무원으로서의 의사소통능력을 함양하기를 기대한다.

MEMO

01절 고객 서비스 대화기법

1) 고객의 말을 잘 들으면 고객의 정보와 호감, 두 마리 토끼를 잡을 수 있다

미국의 위대한 리더이자 연설가였던 루스벨트 대통령은 훌륭한 대화를 위한 비결이 '123법칙'을 실천하는 것이라고 하였다. 훌륭한 대화란 한 번 말하고, 두 번 듣고, 세 번 공감하는 데서 이루어지는 것이라는 뜻이다. 특히나 고객의 생각과 감정을 읽는 대화를 통해 고품질의 서비스를 해야 하는 승무원으로서 '얼마나 말을 잘 하는지' 가 아니고 '얼마나 경청을 잘 하는지'를 익혀야 함은 아무리 강조해도 지나치지 않다.

특히, 고객의 이야기를 잘 듣는 것을 통해 고객이 원하는 것을 파악할 수 있고 , 고객은 자신의 이야기를 잘 들어주는 승무원에게 호의를 갖게 되어 신뢰를 형성하게 된다.

고객의 말을 경청하는 방법은 다음과 같다.

(1) 고객의 말에 우선 멈추고 여유 있게 듣는다

서비스를 하던 중에 고객이 말을 걸면 우선 멈추고 고객의 이야기를 듣는다. 만약 하던 일이 있다면 잠시 양해를 구하고 빨리 일을 마친 후 응대한다.

(2) 경청을 방해하는 잡음 요인을 피하고 승객의 관점에서 대화한다

경청을 방해하는 요인으로는 외적 장애요인(청각적 소리, 시각적 장면, 후각적 요인 등)과 내적 장애요인(방어적 성향, 우월성, 자신의 과거경험, 가치관, 선입관 등)이 있다. 이러한 장애요인을 제거하고 최대한 역지사지(易地思之)의 열린 마음으로 고객에게 집중한다.

MEMO

(3) 잘 듣고 있음을 보인다

고객의 이야기를 잘 듣고 있음을 표현하는 것은 고객과의 의사소통에서 매우 중요하다. 그 내용은 다음과 같다.

① 맞장구

고객의 이야기를 들을 때는 고객을 향해 몸을 돌려 개방적인 자세를 취한다. 고객 쪽으로 몸을 살짝 기울이는 것도 효과적이다. 또한 적절히 눈을 맞추고 고객을 끄덕이는 반응과 맞장구(예: 네~, 맞습니다, 속상하셨겠습니다)를 치는 등 고객의 말을 잘 듣고 있음을 보인다.

맞장구의 예

언어적(네~, 맞습니다, 속상하셨겠습니다 등) 비언어적(시선 맞춤, 고개 끄덕임, 적절한 표정, 자세)

② 백트래킹(Backtracking)

고객의 말을 제대로 이해하였는지 확인하는 방법으로 백트래킹(Backtracking)기법이 있다. 상대방이 말한 내용의 일부를 반복하거나 확인하는 언어적 반응을 보여 주는 것이다.

이 백트래킹 화법을 통하여 고객과의 대화 시 고객의 의사가 명확하게 전달되었는지 확인이 가능해져 승무원에 대한 신뢰감이 더해 질 수 있다. 또한 대화가 끊이지 않고 다음 대화로 이어질 수도 있으며, 고객이 진정 원하는 바가 무엇인지 파악할 수 있어 고객 서비스에 매우 효과적이다.

MEMO

<표 11-1> 백트래킹(Backtracking)의 예

대화를 종결하는 단답형의 화법	고객의 말을 반영하는 백트래킹 화법
고객: 물 좀 주세요. 승무원 :네.	고객: 물 좀 주세요. 승무원 :네, 물 준비해 드리겠습니다.
(기내 면세품 판매 시) 고객: 이 화장품 20대 여대생이 발라도 어울릴까요? 승무원: 네.	(기내 면세품 판매 시) 고객: 이 화장품 20대 여대생이 발라도 어울릴까요? 승무원: 네~ 가능합니다. 20대 여대생에게 선물하려 하시나 봐요. 평소 어떤 색이나 스타일을 좋아하는 분인가요?….(대화 이어짐)
(두통을 호소하는 승객과 대화 시) 고객: 머리가 아프네요. 승무원: 아, 네.	(두통을 호소하는 승객과 대화 시) 고객: 머리가 아프네요.. 승무원: 머리가 아프셔서 불편하신가봐요. 두통약을 준비해 드릴까요? (승객이 두통약 요청 시) 두통약 준비했습니다. 그 외에 제가 도와드릴 일이 있으면 언제든지 말씀해 주십시오.
(고객과 긴 대화 시) 고객: 제가 OOO으로 가서 xxx으로 환승한 후 ----에서 ~~~ 해야 하는데요, 어떻게 해야 하나요? 승무원: 글쎄요.	(고객과 긴 대화 시) 고객: 제가 OOO으로 가서 xxx으로 환승한 후 ----에서 ~~~ 해야 하는데요, 어떻게 해야 하나요? 승무원: ~~~이 궁금하신 것이지요?/ ~~말씀 이십니까? / ~~~에 대해 확인하고 안내해 드리겠습니다.

2) 정중하고 예의 바른 언어를 사용한다

① 고품격의 서비스를 지향하는 항공사에서는 고객 응대 시 '합쇼체'를 권장하고 있다. 합쇼체는 우리가 일반적으로 알고 있는 '다까체'를 의미하는데, 고객과 대화를 나눌 때 어미 처리를 ~다, ~까로 마무리 하는 것을 말한다. 고객에게 정중한 느낌을 주기 위해 '다까체'와 '요조체'의 비율은 7 : 3 정도가 적당하나 때에 따라 적절히 조절하는 것이 필요하다. '합쇼체'는 자칫 말투나 어감이 부드럽지 않고 딱딱하게 느껴질 수 있으므로 최대한 친절한 톤으로 말하여 이를 보완하도록 한다.

② 올바른 호칭 사용은 고객과의 대화에 격을 더한다. 고객의 직함을 알고 있다면 직함을 부르는 것이 적합하며, 30대 이상의 고객에게는 '선생님'이라는 호칭이 무리가 없다. 일반적으로 나이가 있는 여성과 남성에게는 친근감을 더하고자 어머님, 아버님을 사용하는 경우가 많은데, 고객의 연배나 신변에 따라서 부정적으

MEMO

로 들릴 수 있는 점을 감안하여야 한다. 예를 들어, 필자가 국제선 비즈니스 클래스 근무 시 남성 고객과 함께 있는 여성이 배우자라 생각하고 사모님이라고 호칭을 하였는데 자신은 미혼이라고 밝혀서 난감하고 죄송했던 기억이 있다. 이럴 때는 호칭을 어떻게 할지 조심스럽게 묻는 것도 방법이다. 또한 초등학생이나 미취학 어린이에게 함부로 반말을 하지 않고 경어를 사용하는 것이 좋으며 ○○○어린이/ 학생의 호칭을 사용한다.

③ 고객과의 대화시 에는 완충작용을 하는 화법, '쿠션(cushion)화법'을 사용하는 것이 효과적이다. 쿠션화법은 정중한 양해의 표현으로 완충작용을 하여 부탁이나 양해를 구할 때 사용할 수 있다(예: 죄송합니다만, 괜찮으시다면, 불편하시겠지만 등).

④ 항공사를 이용하는 고객과의 대화에 있어 표준어를 사용하는 것이 원칙이다. 고객에게는 반 토막 말투, 은어, 속어를 사용하지 않도록 주의하고, 불필요한 기내용어 사용은 지양한다.

다까체의 예

~ 해 드릴께요(x)	→ 드리겠습니다.
~ 잠시만 기다리세요(x)	→ 기다려 주시겠습니까?

기내용어 순화의 예

Boarding Pass를 보여 주시겠습니까?	→ 탑승권을 보여 주시기 바랍니다.
오늘은 좌석이 Full입니다.	→ 오늘은 좌석이 만석입니다.
곧 Meal 서비스를 시작합니다.	→ 곧 식사 서비스를 시작합니다.

MEMO

3) 거절할 때도 Yes, But의 긍정 화법을 사용한다.

우리의 뇌는 똑같은 자극이 와도 부정적인 감정을 더 오래 기억한다고 한다. 따라서 고객과의 대화 시 가능한 긍정적인 대화를 하는 것이 필요하다. 이는 서비스를 받는 사람에게 긍정적인 이미지를 남길 뿐만 아니라 고객의 마음을 얻을 수 있기 때문이다. 물론 고객이 원하는 것에 다 'Yes'하면 되겠지만 문제는 기내의 제한적인 상황에서 'No' 해야 할 경우이다. 예를 들어, 비빔밥이 다 떨어진 상황에서 고객이 비빔밥을 요구하면 어떻게 해야 할까? "비빔밥이 다 떨어져서 없습니다."라고 단호하게 말하는 것은 상황에 도움이 되지 않는다. 특히나 비빔밥이 아니면 안 될 것 같은 표정을 하고 있는 고객에게 단호하게 없다고 얘기하는 것은 그 다음의 문제를 불러올 수 있다. 고객과의 요구사항을 들어드릴 수 없을 때 바로 "없습니다", "(규정상) 안 됩니다"의 부정화법 보다는 "한번 확인해 보겠습니다", "상의해 보겠습니다" (잠시 후) "확인 해 봤는데 어려울 것 같습니다 (대안을 제시하며) ~은 어떠신지요 (대안) ~은 이러한 면에서 좋습니다" 등의 긍정화법으로 최대한 고객을 위하여 애쓰고 있음을 보이는 것이 바람직하다.

4) 청유형을 사용하라, 고객은 명령 받는 것을 좋아하지 않는다.

어릴 적 엄마가 "~~~해!"하면 괜한 반발 심리에 "싫어!" 라고 응했던 경험이 있을지 모르겠다. 사람은 자신의 자유의지대로 하고 싶어 하는 속성을 지니고 있다. 즉 타인의 명령에 대해서는 거부감이나 반발심을 갖는다. 따라서 고객과의 대화에 있어서도 청유형을 사용하여 고객에게 결정권을 주는 것이 더 바람직하다. 청유형 표현이라 할지라도 말투나 어감이 명령형으로 느껴지지 않도록 친절한 어투를 사용한다.

<표 11-2> 청유형과 명령형의 예

명령형	청유형
확인할 테니 기다리세요.	확인해 드리겠습니다, 잠시만 기다려 주시겠습니까?
좀 기다리세요.	잠시만 기다려 주시겠습니까? 잠시만 기다려 주시면 곧 도와드리겠습니다.

MEMO

연습해 봐요

다음의 내용을 승무원으로서 적합한 대화로 바꾸어 보세요.	
잠깐 기다리세요.	
내가 할게요.	
Tray table 여시면 안 됩니다.	
손님, ---은 하지 마세요.	
아버님 / 어머님 / 사모님	
(어린이에게) 꼬마야, 음료수 줄까?	
식사 뭐 드실래요?	
회사 규정상 그건 어려워요.	
글쎄요, 확실치는 않아서요.	
비빔밥이 다 떨어졌는데요.	
이 Domestic 구간에서는 meal 서비스를 안 합니다.	(식사 서비스는 없으나 음료 서비스가 제공될 경우의 대화문으로 바꿔보시기 바랍니다)

MEMO

02절 고객 성격 유형별 응대 기법

사람은 개인의 유전적 특성, 주어진 환경, 개인의 의지 등이 결합되어 각기 다른 특성을 지닌다. 그러나 이러한 개인의 특성을 뛰어넘어 공통된 특성을 가지고 있음을 연구하고 입증한 학자들이 있으며 그 연구는 사람의 행동을 이해하고 적용함에 있어 많은 도움이 되었다. 사람들의 공통된 성격의 특징을 이해하면 자기 자신에 대한 이해는 물론이고 대인관계에 대한 이해도를 높일 수 있다. 사람의 성격 유형의 이해를 통해 각기 다름의 차이를 인정할 수 있기 때문에 조금 더 폭넓은 시야를 가질 수 있게 됨은 추가적으로 얻을 수 있는 이점이다. 또한 객실승무원으로서 다양한 고객에 대한 세심한 맞춤 서비스가 가능해져 고객만족을 이끌어 낼 수 있으며, 이를 통해 업무에 있어 숙련도와 전문성을 더할 수 있을 것이다.

고객 성격 유형의 특성과 응대방법은 다음과 같다.

1) 성격 유형별 특성

(1) 주도형

- 자기 주장이 강하고 추진력이 뛰어나다.
- 직설적이고 적극적이며 결과와 목표에 대한 높은 욕구가 있다.
- 권위의식이 강하며 책임감을 중요시 여긴다.
- 장황한 설명이나 복잡한 절차, 세세함을 싫어한다.
- 리더가 되는 것을 즐긴다.
- 의사결정을 빨리 내리는 스타일이다.
- 행동 유형의 특성은 뒷짐을 지거나 팔자걸음이 많다.

(2) 사교형

- 낙관적이고 친근감이 있다.

MEMO

- 사람이나 상황을 보는 관점이 긍정적이다.
- 좋은 화술과 사람들과 쉽게 어울리는 친화력으로 호감을 준다.
- 팀의 분위기 메이커이다.
- 최신 유행을 선호하고 패션에 민감한 스타일이다.
- 너무 많은 참견, 귀찮게 함, 산만함, 비체계적인 면이 단점이다.
- 행동특성은 몸놀림이 가볍고 재빠르며 의사소통 시 손과 팔의 제스처가 많다.

(3) 안정형

- 일관된 태도로 한결같다.
- 참을성이 있으며 언행이 상냥하다.
- 다른 사람과 협력적으로 일하는 것을 좋아하며 조화와 균형을 중요시 여긴다.
- 다수보다는 소수의 사람과 어울릴 때 안정감을 느낀다.
- 갑작스러운 변화보다는 기존의 방식을 지키는 것을 선호한다.
- 주도적, 추진력, 단호한 태도가 부족해 우유부단한 느낌을 준다.

(4) 신중형

- 치밀하고 논리적이며 비판적으로 비교분석하는 스타일이다.
- 검증된 자료나 객관적인 자료를 제시하는 것이 자세하고 긴 설명보다 효과적이다.
- 시간 약속을 중요하게 생각하므로 이들과 약속했다면 꼭 지켜야 한다.
- 이들의 행동특성은 말이 없고 차분한 걸음걸이와 조용하고 냉정한 이미지이다.

MEMO

2) 유형별 응대법

유형	소통스타일과 응대법
주도형	• 말이 빠르고 목소리가 크며 간단명료하게 말한다. • 주로 자신이 정해놓은 정답이 있다. • 빠른 답을 원하며 명령하는 스타일이다.
	• 간단명료하고 정확하게 응답한다. • 대우받는 것을 좋아하는 경향이므로 고객에게 집중하고 고객의 의견에 동조한다. • 필요 없는 질문, 지나친 부연설명은 하지 않는다.
사교형	• 외향적인 유형으로 사람들과 우호적인 분위기에서 자신의 이야기를 하는 것을 좋아한다. • 상대방의 칭찬과 인정을 좋아한다. • 핵심 내용보다 설명을 더 많이 하는 스타일이다.
	• 그들의 요구를 수용하고 적극적인 관심과 친절한 태도를 보인다. • 사무적이거나 경직된 태도로 응대하지 않는다. • 유행에 민감한 경향이 강하므로 옷차림이 세련되거나 화려하다면 그 옷, 제품을 선택한 안목을 칭찬해 준다.
안정형	• 목소리가 작고 부드러우며 미소 띤 얼굴로 따뜻한 느낌을 준다. • 상대방과의 진정성 있는 소통을 선호하고 상대를 돕고 싶은 마음이 강하다. • 너무 빨리 결정하는 것을 선호하지 않는다. • 상대의 말을 잘 들어주는 유형이다.
	• 지나치게 큰 목소리로 성급히 다가가지 않는다. • 빨리 결정을 내리라고 재촉하지 않는다. • 고객의 입장을 배려하고 호응해 주며 따뜻하고 친절하게 응대한다. • 우호적이고 착한 고객이라고 소홀하게 대하지 않도록 신경 쓴다.
분석형	• 논리적이고 정확한 것을 선호한다. • 가벼운 농담이나 잡담을 좋아하지 않는다. • 내향적인 유형으로 이성적이며 지적인 것을 좋아한다.
	• 공손하고 예의 바르게 다가간다. • 일정한 거리를 두고 충분한 여유를 가지고 대한다. • 설득할 일이 있다면 데이터나 자료를 가지고 설명하는 것이 좋다. • 간단명료하고 알기 쉽게 설명한다.

MEMO

생각해 봐요

☞ 위의 유형 중 자신에게 해당되는 유형은?

☞ 자신에게 해당되는 유형의 장 · 단점을 적어본다.

- 장점:

- 단점과 보완할 점:

☞ 자신이 좋아하는 유형과 그 이유는?

MEMO

생각해 봐요

☞ 고객서비스의 7가지 죄악(The 7 Deadly Sins of Customer Service)

- 칼 알브레히트(Karl Albrecht)

무관심(Apathy): '나와는 관계없다'는 식의 태도
무시(Brush-off): 고객의 요구에 대해 무시하고 고객을 피하며 귀찮아하는 일
냉담(Coldness): 고객을 퉁명스럽고 불친절하게 대하는 등 냉담한 반응
건방떨기, 생색(Condescension): 고객에게 생색을 내거나 건방진 태도로 응대
로봇화(Roboism): 서비스가 정감이 없고 마치 기계처럼 응대하는 경우
규정 핑계(Rulebook): 고객만족보다 회사의 규칙을 우선시, 예외를 인정하거나 상식을 생각하지 않음
발뺌(Run around): 고객의 불평불만에 대하여 대응하지 않고 '나는 모릅니다', '글쎄요...', '윗 분에게 물어보세요'하는 식으로 대하고, 때로는 고객의 잘못으로 돌리는 경우

출처: 고객서비스의 7가지 죄악 | 곽숙철의 혁신이야기 중에서

☞ 위 내용을 읽고 떠오르는 경험이 있나요? 좋은 서비스를 위해서 어떻게 노력해야 할까요?

MEMO

MEMO

CHAPTER

12

항공사 고객응대 기법

학습목표

1. 고객 유형별 응대 기법에 대해 알아본다.
2. 불만고객 응대방법에 대해 알아본다.

MEMO

대부분의 고객들은 비행시간, 경유 여부, 항공사의 안전도, 항공요금, 운항시간대, 비행 기종, 기내 서비스 등 여러 가지 조건을 고려하여 항공사를 선택한다. 그러나 누군가 이용해 본 항공사에 대해 물어 본다면 항공사 직원의 친절 정도에 대해 말할 것이다. 사람은 자신의 경험으로 전체를 이해하는 경향이 있다. 예를 들어, 항공사 이용 시 담당 구역 승무원이 불친절했다면 "그 항공사는 서비스가 엉망이야" 하고 주변 사람들에게 이야기하게 되는 것이다. 이처럼 서비스를 제공하는 직원과 고객이 접촉하는 순간이 항공사에 대한 인상을 좌우하는 매우 중요한 순간이기에, 고객의 경향을 잘 파악하여 이해하고 있다면 고객 서비스 시 실수를 줄이고 더욱더 만족스러운 서비스가 가능해진다. 따라서 이 장에서 다룰 고객의 유형별 응대 기법과 불만고객 응대 기법에 대해 이해하고 추후 기내 서비스 시 적용할 수 있다면 고객 서비스에 있어 프로로서의 자신감을 갖게 될 것이다.

MEMO

01절 고객 유형별 응대 기법

고객의 상황과 성향이 다 같을 수는 없다. 나에게 불편한 마음이 드는 고객이라도 최대한 성의껏 응대하며 기꺼이 돕고자 한다면 그 마음은 전해질 수 있다. 그러기 위해서는 우선 '고객의 상황을 역지사지의 마음으로 생각하는 것'이 필요하다. 또한 '항공사 이용 고객은 우리의 규정과 절차에 대해 잘 모른다'는 것을 염두에 두고 고객에게 설명하는 자세를 갖출 필요가 있다. 이러한 마음가짐으로 다름의 차이를 이해하고 진실하고 따뜻한 태도로 대한다면 항공사 객실승무원으로서 성공적인 고객 서비스가 가능해질 것이다.

1) 고객 성향별 응대 기법

(1) 큰 소리로 말하는 고객

목소리를 낮추고 천천히 말한다.
계속 언성을 높일 때는 갤리(Galley) 등 다른 승객에게 폐를 끼치지 않는 곳으로 이동하는 등 분위기를 바꿔보는 것도 방법이다.

(2) 무리한 요구를 하는 고객

우선 승객이 무리한 요구를 하는 이유를 묻고, 입장을 충분히 이해하고 있음을 표현한다.
고객의 말을 경청 후 납득할 수 있도록 차분하게 설명하거나 대안을 제시한다.
목소리를 높이거나 말대꾸하거나, 바로 "안 됩니다"하며 무안을 주지 않는다.
차분하며 전문적인 모습을 보이는 것이 필요하다.

MEMO

(3) 예민하고 깐깐한 고객

예의 있게 말하나 차가운 느낌의 고객이다.
서비스하는 사람의 잘못을 짚고 넘어가는 경향이 있는데, 이들은 자존심이 강한 경향이 있으므로 변명하거나 반대의견을 말하기보다는 "말씀해 주셔서 감사합니다."라며 수용하는 자세를 보이는 것이 좋다.

(4) 무례한 고객

무례한 고객에게 쩔쩔매거나 혹은 차갑게 대하는 태도는 도움이 되지 않는다. 특히, 다른 고객 앞에서 무안하게 하지 않는다.
평정심을 가지고, 의연하고 예의 바르게 대하는 것이 좋다.

(5) 말 많은 고객

최대한 성의껏 응대한다. 그러나 업무상 말을 끊어야 할 때는 적절한 질문을 던져 상대방의 말을 멈추게 한 다음 상대방의 말을 간단히 요약하여 결론지어 끝낸다.
이때 상대의 기분이 상하지 않도록 최대한 친절하게 말한다.

(6) 성급한 고객

바른 자세로 예의 바르고 전문적인 태도를 취한다.
말은 시원시원하게, 행동은 빨리 한다.
처리가 지연되거나 시간이 걸릴 경우 미리 소요시간을 말한다.

(7) 화내는 고객

고객이 어떠한 이유로 화를 내는지 적극적으로 듣고 공감반응을 보인다.
고객이 불편함을 느낀 부분에 대해 사과한다.
고객의 화가 다소 풀리면 대안을 제시하고 이행한다.

MEMO

(8) 말이 없는 고객

고객에게 천천히 따뜻한 말투로 응대한다.
말을 잘 안하는 고객은 승무원에게 한 번의 요구를 하기까지 여러 번 생각했을 수 있음을 기억하고 요구한 내용에 대해 차근차근 빈틈없이 서비스한다.

(9) 과시하고 싶어 하는 고객

자기 자랑이 심하고 거만하거나 자신이 모든 것을 알고 있다는 듯이 행동하는 고객이 이에 해당된다. 이들은 권위적인 느낌을 주며, 자신의 생각을 굽히려 하지 않는 경향이 강하다. 고객이 자랑한다면 칭찬과 맞장구로 응대하고, 대화 중에 반론을 하거나 자존심을 건드리지 않도록 유의한다.

2) 고객 상황별 응대 기법

(1) 유 · 소아 동반 고객

*유아 동반 고객

- 유아 동반 고객은 승무원의 도움이 필요하므로 탑승 시부터 적극적으로 도와드린다.
- 탑승과 하기 시에 짐을 들어주고 좌석 안내를 한다.
- 짐 보관을 돕고 이륙 후 짐을 꺼낼 경우 도와드린다고 말씀드린다.
- 기내용 아기 바구니(Baby Bassinet)를 필요로 하는지 여쭙고 이륙 후 장착해 드림을 알려드린다.
- 좌석벨트 착용 시 승객이 벨트를 매고 아기는 밖으로 안도록 안내한다. 아기가 한 좌석을 차지하는 경우에는 베개나 모포를 배에 대고 그 위에 벨트를 매도록 한다.
- 비행 중 지속적으로 아기와 엄마에게 관심을 보이고, 난기류 발생 시 유아를 안아서 보호하도록 안내한다.
- 비행 중 아기가 울 경우 적극적으로 도움을 준다. 비행 중 귀가 아파서 우는 아이도 있으므로 물이나 음료를 마시게 하는 것도 좋다.
- 아기는 가급적 보호자가 안도록 한다. 만약 아기를 안게 될 경우에는 보호자의 동의를 구하고 목을 못 가누는 아기의 경우 목을 받쳐 안는다.

(주) 유아승객의 적용 범위는 생후 7일~2살 미만이다.

MEMO

*어린이 동반 고객

- 어린이에게 관심과 찬사를 보낸다. 자신의 아이에 대한 관심은 보호자인 고객 자신에 대한 관심과 호감으로 이해하기 때문이다.
- 어린이의 성격과 특징을 파악하여 적절하게 칭찬을 하고 아이의 관심사에 귀를 기울여 준다.
- 어린이용 증정품(Give away)이나 음료 등을 제공하여 친해지는 것도 방법이다.
- 어린이 승객에게 하대하거나 반말하지 않도록 유의한다.

☞ 활동성이 높은 유아나 어린이의 경우 좁은 기내 안에서 움직임을 최소화해야 하는 것이 힘들 수 있다. 아이가 지루해하지 않도록 관심을 기울이고, 아이가 울거나 시끄럽게 할 경우 당황해 할 보호자를 돕거나 주변 승객들이 불편해하지 않도록 신경 쓴다.

(2) 비동반 소아

- 비동반 소아(UM: Unaccompanied Minor)는 성인 보호자 없이 혼자 여행하는 소아를 의미한다(국제선은 최초 여행일 기준 만 5세 이상~ 만 12세 미만 승객이며, 만 5세 미만은 어떠한 경우라도 혼자 여행 불가).
- UM의 보호자는 공항에서 '비동반 소아 운송 신청서'를 작성하며 공항직원과 승무원의 케어를 받게 된다.
- UM은 비상구 좌석에 배정이 불가하다.
- 객실사무장은 공항직원으로부터 UM과 관련 서류를 받고 인수인계서에 서명한다.
- UM 담당승무원은 UM을 좌석까지 안내하고 짐정리를 도와준다.
- 담당 승무원은 자신을 소개하고 기내 설비 안내를 해준다.
- 비행 중 불편함이 없는지 세심히 살핀다.
- 담당 승무원은 착륙 전 UM의 입국서류를 작성해 주고 기내동향편지(Flying Mom Letter)를 써서 보호자가 UM의 항공여행이 어떠했는지를 알 수 있도록 한다.
- UM이 혼자 하기하지 않도록 착륙 후 담당승무원이 데리러 올 때까지 앉아 있어야 한다고 안내한다.
- 착륙 후 지상직원에게 UM과 서류를 인계한다.

(3) 장애고객

- 장애고객은 우리와 같은 사람이라는 마음가짐을 갖는 것이 중요하다.
- 어떻게 도와드릴지를 여쭤보고 필요 이상으로 동정적인 태도를 취하지 않는다.
- 기내 탑승 시와 하기 시 도움을 드리고 제공 가능한 서비스와 주위 시설물을 안내한다.
- '장애인'이라는 어휘를 앞에서 쓰지 않으며 재촉하거나 서두르지 말고 기다리기는 것이 필요하다.
- 휠체어 고객과는 자세를 낮추어 대화하고 청각장애 고객과는 대화 시 Memo지를 사용한다.
- 장애고객은 비상구 좌석에 착석할 수 없다.

MEMO

(4) 유명인사

- 연예인 등 유명인사는 특별한 관심을 보이는 것을 좋아하지 않는 경우가 대부분이다.
- 개인적인 질문을 하거나 사진촬영을 요구하지 않는다.

(5) 노약자 고객

- 항공여행을 처음 하는 노약자 고객의 경우, 좌석을 안내하고 기내 설비와 화장실 위치 등에 대해 안내한다.
- 좌석의 여유가 있을 때는 편한 좌석으로 안내한다.
- 의약품 소지를 확인하고 사용 시 도움을 드린다.
- 입국서류 작성을 도와드리고 지속적으로 관심을 보인다.

(6) 애완동물과 여행하는 승객

- 기내 반입 가능한 애완동물은 개, 고양이, 애완용 조류로 제한한다.
- 애완용 동물을 보관용 운반용기(Cage)에 넣어 운송해야 하며 비행 중 운반용기에서 꺼내면 안 된다. 항공사에 따라 다르나 대개 물 이외에는 먹이를 줄 수 없다.
- 운반용기의 크기는 앞좌석 아래 공간에 들어갈 수 있는 크기여야 한다.

(7)죄수 운송의 경우

- 국내의 형법에 의거 경찰 및 외교 당국과 긴밀한 협조하에 죄수 운송을 한다.
- 적어도 2명 이상의 호송관이 동반하며 호송관은 항공 여행 중 죄수감독 책임을 진다.
- 호송관의 무기는 비행 중 기장이 보관한다.
- 호송대상자와 호송관은 기내 후미 좌석에 배정되어야 하며, 갤리(Galley) 근처나 비상구 옆 좌석 또는 통로 좌석에 배정되어서는 안 된다.
- 호송 책임자와 호송대상자에게는 알코올음료를 제공하지 않는다.
- 호송 대상자에게는 철제 식기류나 칼 종류를 제공하지 않으며 스테이크일 때는 미리 승무원이 잘라주는 경우도 있다.

MEMO

연습해 봐요

다음 상황의 고객에게 응대하는 대화문과 응대법을 정리해 보고 그 내용을 토대로 짝을 지어 연습해 본다. 이때 표정과 목소리, 자세 등에 유의한다. 연습 후 소감을 공유한다.

	상황	대화문
1	다리가 아프다며 비즈니스 클래스로 업그레이드 해 달라는 고객	
2	식사와 함께 제공하는 와인이 맛이 없다며 깐깐하게 구는 고객	
3	비행기가 늦게 출발하는 것에 대해 큰 소리로 불만을 표하는 고객	
4	식사가 늦어져 시장하다며 재촉하는 고객	
5	음식에 이물질이 들어갔다며 짜증내는 고객	
6	자신의 가족사진을 보여 주며 이 이야기 저 이야기 하는 고객	
7	아기를 동반하여 탑승하는 여자 손님(유모차, 가방 소지)	
8	화장실에서 한 번만 담배를 피겠다며 우기는 고객	
9	큰 짐을 소지한 노약자 고객이 비상구 좌석에 앉겠다고 할 때	

MEMO

02절 불만고객 응대

'몸에 좋은 약은 입에 쓰다' 는 말이 있다. 만약 입에 쓰다고 꼭 필요한 약을 먹지 않고 뱉어버린다면 어찌될까. 고객의 불만은 쓴 약과 같아 서비스 제공자와 기업이 힘들겠지만 고객의 불만에 귀를 기울이면, 더 큰 불만을 미연에 방지할 수 있을 뿐만 아니라 오히려 서비스 개선에 도움이 될 수 있다.

서비스 실패에 대한 회복과정에서 실망한 고객에 대한 배려와 따뜻한 관심, 정성, 예의 등은 서비스 제공자에 대한 신뢰를 향상시킬 수 있을 뿐만 아니라 고객도 작은 감동과 감사의 마음을 가짐으로써 감성적으로 서비스 제공자에게 애착을 가지게 된다(오창호, 2007).

오히려 그러나 고객 불만을 함부로 대하거나 외면하면 불만사례가 좋지 않은 입소문으로 더 크게 번져 기업에 나쁜 이미지를 더하게 된다. LG 경제연구소의 연구 결과에 따르면 만족한 고객은 통상 4~5명의 사람에게 그 사실을 전하고 불만족한 고객은 9~10명에게 그 사실을 전달한다고 한다. 특히, 요즘과 같이 소식이 SNS 등으로 더 빨리 공유되는 시대에는 더 크게 빨리 퍼져 기업의 악재로 작용될 수 있다. 따라서 서비스 제공자로서 객실승무원은 불만고객을 더 소중히 여기고 이를 신속하게 대응할 수 있어야 하며 그에 앞서 예방할 수 있도록 노력하여야 할 것이다.

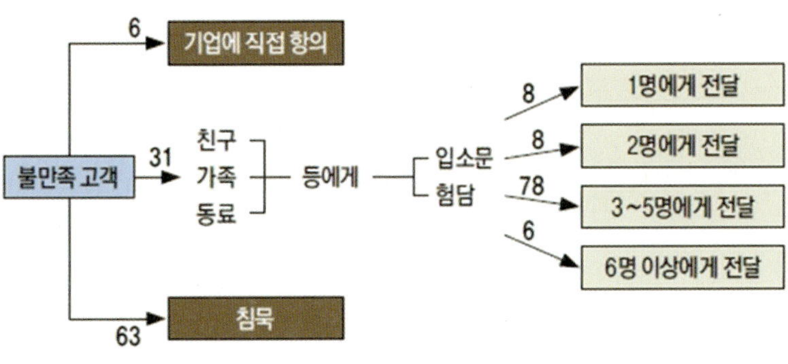

[그림 12 - 1] 고객 불만의 확산 경로

출처: 동아비즈니스 리뷰(2011. 11), '고객불만'은 실패를 막는 예방주사

MEMO

1) 불만고객의 원인

고객 불만의 원인은 다양하지만 크게는 제품 자체의 문제, 서비스의 문제, 고객 자신의 문제로 분류할 수 있다. 고객 불만을 가져오는 원인에 있어 제품의 문제로 인해 시작이 되었다고 하더라도 그 문제를 해결하는 과정에서 직원의 응대가 어떠하냐에 따라 문제가 확대될 수 있는 것이다. 또한 고객 자신의 문제라 하더라도 제품과 서비스를 제공하는 회사는 고객이 실수하지 않도록 계속해서 고객에게 인지시킬 의무가 있다.

미국 품질관리학회(American Society for Quality Control)의 조사에 의하면 고객 이탈 사유 1위는 '고객접점에서의 서비스 문제'라고 하였다. 이는 고객 서비스의 중요성을 다시 한 번 강조한다. 국내 한 항공사가 자체 집계한 2011년부터 최근 2년간 고객 불만 사례를 살펴보자면 1위로 '승무원 객실업무 미숙'이 꼽혔다(매일경제 Luxmen 제33호 (2013년 6월) 기사). 또한 국내 K고객의 고객 서신을 분석한 논문 내용에 의하면(2011년 10월부터 2012년 10월, 박지영) 전체 여성 승객의 불만 건수 70건 중 68건(99%)이 인적 서비스(서비스 태도 및 자세, 이미지메이킹, 표정, 말씨 등)에 대한 불만이었으며 2건만이(1%) 물적 서비스(항공기, 좌석, 식음료, 기내환경 등)와 관련된 불만이었다. 이러한 결과를 통해 고객의 만족스러운 경험, 불편한 경험을 만드는 데 승무원의 인적 서비스 역량이 크게 작용함을 확인할 수 있다.

잠시 생각해 봐요

고객 불만에 대한 잘못된 대응	고객 불만에 대한 올바른 대응

MEMO

2) 불만고객 응대방법

① 고객 불만에 대한 잘못된 응대와 표현

표정 - 얼굴을 찌푸리거나 싫은 표정을 짓는다.

자세 - 팔짱을 끼거나 뒤로 젖힌 자세, 외면하는 자세

행동 - 느린 행동으로 기다리게 하거나, 다른 일을 하는 등 산만한 행동

표현 - 고객과 함께 흥분하기(고객님 그런 뜻으로 말씀드린 건 아니잖아요)

고객 의심하기(그럴 리가 없을 텐데요?)

정당화하기(규정상 저희도 어쩔 수 없어요)

고객 무시하기(고객님도 잘하신 건 없잖아요? 저희에게 말씀하셨나요)

② 고객 불만에 대한 올바른 대응

- 사과하는 태도를 보이는 것
- 고객에 대한 비난을 하지 않는 것
- 일에 대한 책임을 지는 것
- 염려와 공감을 표현하는 것
- 도움이 되는 것
- 계속해서 관심을 보이는 것

③ 고객 불만 시 응대방법

가. 우선 정중히 사과한다

불편한 감정을 느끼게 된 고객에게 우선 진심어린 사과의 표현을 하는 것이 중요하다. 서비스 제공자의 입장에서 회사의 규정이나 원칙, 혹은 이쪽의 입장을 먼저 설명하려 하는 것은 불편한 고객의 마음을 푸는 데 도움이 되지 않는다. 고객의 입장에서 바라보고 문제 발생에 대해 인정하며 사과를 하는 것이 우선되어야 한다.

나. 고객의 말에 공감하고 경청한다

고객은 항공사의 상황과 규정을 잘 모르기에 자신의 입장에서 불편함을 이야기할

MEMO

것이다. 이때 고객의 입장에서 잘 들어주고 공감해 주는 것만으로도 도움이 된다. 또한, 고객이 자신의 불만에 대해 이야기하다보면 자신의 상황을 객관화하여 바라볼 수 있게 되기 때문에 문제해결에 실마리가 될 수도 있다. 다시 한 번 기억하자. 고객의 감정이 상한 상황에서는 진심어린 공감으로 고객의 감정을 어루만져 주어야 한다.

다. 상황 파악 및 원인 분석

고객의 상황에 대해 정확히 파악하기 위해 적절히 질문하며 해결을 위한 정보를 얻는다. 그 내용에 대해 전례와 비교하는 등 문제를 해결하기 위해 신속히 방안을 찾는다.

라. 신속히 해결하거나 대안을 제시한다

고객이 원하는 것에 대해 정확히 들어줄 수 있다면 빨리 해결하는 모습을 보인다. 가장 빠른 시간 안에 해결하는 것이 문제를 최소화하는 방법이다. 만약 해결이 불가능한 상황에서는 대안을 제시하거나 고객이 원하는 것을 물어 보는 등 고객을 위해 최선을 다하는 모습을 보인다.

마. 다시 한 번 사과하고 재발 방지를 위해 노력한다

불편을 끼쳐드린 점에 대해 죄송하다는 얘기를 하고 개선점을 알게 된 것에 대해 감사 표현을 한다. 또한 문제해결을 한 이후에도 고객에게 지속적인 관심을 보여 고객의 마음이 풀릴 수 있도록 노력한다. 목적지에 도착 전 고객에게 다시 한 번 불편을 끼쳐드린 점에 대해 죄송하다는 말을 전하고 더 개선된 서비스를 약속한다.

④ 불만고객 응대 시 꼭 기억할 부분

가. 업무와 감정을 분리해서 생각한다

고객의 불만을 개인적인 감정으로 받아들이지 않기 위해 노력한다. 고객은 사람 자체가 아니라 그 상황에 불만이 있는 것이다. 만약 자신이 잘못한 부분이 있다면 인정하고 더 노력하면 되는 것이다. 특히, 일과 자신에 대한 비난의 방식으로 감정을 몰고 가지 않는 것이 자신을 위하는 방법이다.

MEMO

나. 방어적으로 생각하지 않는다. 상대의 입장에서 헤아린다

고객이 불만을 이야기하는 상황에 힘들기는 하지만 상대방에 대해 방어적인 마음을 먹는 것은 그 문제를 해결해야 하는 본인에게 도움이 되지 않는다. '그럴 수 있다'라는 마음가짐으로 대한다.

다. 장소, 시간, 사람의 변화도 좋다

자신의 담당 구역(zone)에서 발생한 상황에 대해 우선적으로 본인이 해결하려고 노력하는 것이 당연하다. 그러나 상황이 나빠지거나 길어질 기미가 보인다면 고객의 이야기를 잘 듣기 위해 다른 장소로 이동하거나 담당 사무장이 응대하는 등의 방법을 취할 수도 있다. 장소, 사람, 시간을 바꾸면서 그 동안 화난 고객의 감정이 다소 누그러질 수 있기 때문이다.

생각해 봐요

☞ 매우 화가 난 고객이 있습니다. 어떻게 응대할지 말과 행동을 적어봅니다.

☞ 의의 내용을 토대로 역할 연습을 해 보고 소감을 나눕니다.

MEMO

참고문헌

강미라(2015). 서비스운영론. 새로미.

강혜숙 외(2011). 아시아나 애바카스 항공여행의 기초. 아시아나세이버.

권석만(2004). 젊은이를 위한 인간관계 심리학. 학지사.

권혜영(2015). 꿈을 실현시켜 주는 성공 이미지 메이킹. 한올출판사.

김상희(2010). 고객은 진실로 서비스실패 기업을 용서하였는가. 경영학연구.

김연중(2006). 기업생존을 위한 고객만족경영에 관한 연구. 한국여성교양학회.

김종운 · 박성실(2013). 인간관계심리학. 학지사.

박상준 · 문가경 · 이영란(2014). 서비스 인카운터에서 화법유형이 서비스제공자와의 대화만족에 미치는 영향.

박연회 외(2017). CS 관리실무. 양성원.

박연희 외(2015). CS 관리실무. 양성원.

박정은(2011). 마케팅와 고객관계관리. 한국마케팅연구원. 마케팅, 45.

박혜정(2014). 고객서비스 입문. 백산출판사.

생활문화연구회(최용구, 2017). 새로 쓰는 매너와 이미지메이킹. 신정출판사.

손일락 · 김영식(2013). 비즈니스 매너의 이해. 한올출판사.

심윤정 외(2016). 서비스마인드와 글로벌 매너. 양성원.

안명숙 · 남희림 · 김주희(2014). 매너와 이미지메이킹. 새로미출판사.

안상형 외(1998). 현대품질경영. 학연사.

엄경아 · 이향정 · 연지영(2016). 서비스인을 위한 이미지메이킹. 지식인출판사.

오지경 · 나윤서(2015). 서비스 인카운터 이미지 메이킹. 새로미출판사.

오창호(2007). 서비스실패상황에서 서비스제공자의 심리적 지원과 서비스회복 및 불만고객 관계발전에 관한 연구.

윌리암 글라서(1995). 결혼의 기술. 하늘재.

유시정 외(2003). 항공사 접점 종업원의 서비스 지향성에 관한 연구. 서비스경영학회.

윤은숙(2015). 승무원 언니처럼. 이담북스출판사.

윤은숙 · 조영신 · 진경미(2017). 승무원 면접의 99%. 한올출판사.

이신모(2000). 고객가치지향적 패러다임에 기초한 마케팅생산성 구현방안. 생산성논집.

이영희 · 신상태(2015). 항공서비스론. 백산 출판사.

이유재(2013). 서비스마케팅. 학연사.

이윤현 · 양은진(2012). 고객 성격유형별 효과적인 미용 상담시간에 관한 연구.

이정학(2006). 서비스경영. 기문사.

임창희(2015). 조직행동. 비앤엠 북스.

정도성(2017). 최고의 서비스 기업은 어떻게 가치를 전달하는가. 갈매나무.

정명희 · 이원화(2014). 이미지메이킹과 매너. 새로미출판사.

조유혜 외(2016). 호텔 산업에서 감성마케팅이 브랜드 이미지 및 고객충성도에 미치는 영향. 호텔 경영학 연구.

MEMO

지희진(2016). 글로벌 매너와 이미지 스타일링. 한올출판사.
진성현 · 홍영식(2017). 항공객실학개론. 지식인.
최승리 · 이지은 · 이정화(2017). 승무원 이미지메이킹. 한올출판사.
토마스 고든(2003). 리더역할 훈련 L.E.T. 양철북.
프레디 리(2009). 디즈니 병원의 서비스 리더십. 김앤김북스.
허한나 · 이해영(2013). 경기지역 초등학교 급식 조리종사자의 서비스마인드가 고객지향성에 미치는 영향 분석.
홍경자(2006). 자기주장과 멋진 대화. 학지사.
홍미이(2014). 서비스 이미지메이킹. 새로미출판사.
ParasuramaL. A. V. A. Zeithl & L. L. Berry(1988). "A multiple Item Scale for Measuring Consumer Perception of Service Quality". *Journal of Retailing*, pp.12-40.

나무위키. '악수'.
네이버 지식백과.
동아비즈니스 리뷰(2011. 11). '고객불만'은 실패를 막는 예방주사.
두산백과.
머니투데이.
위키백과.
직장예절교육 [사내예절과 직장매너] 출강. 작성자 kbcworld00.
http://blog daum.net/moonsabu/7866056
http://blog.naver.com/jiny88yy/110159067308(대한항공헤어스타일
http://cafe.naver.com/cafecosea/2897
http://cafe.naver.com/anc89/74899
http://cafe.naver.com/stewardessbang/39073(보브컷 사진)
http://cafe.naver.com/wantufly/2330
http://careernote.co.kr/1241 [정철상의 커리어노트]
http://post.naver.com/viewer/postView.nhn?volumeNo=3385511&memberNo=21959512
http://report19.pa-ze.com/gblog/blog/?mb_id=report19&id=174&title=%EC%9D%B8%EC%82%AC+%EB%A7%A4%EB%84%88%EC%97%90+%EB%8C%80%ED%95%9C+%EB%B3%B4%EA%B3%A0%EC%84%9C
http://tip.daum.net/question/57238784
http://www.ciokorea.com/news/17100#csidx918c1ce6a5b52bea1b6308de1dc16a8
http://www.gnnews.co.kr/news/articleView.html?idxno=175927
http://www.huffingtonpost.kr/2014/10/06/story_n_5936730.html
https://www.skyscanner.co.kr/news/onboard-ettiquette

MEMO

찾아보기

(ㄱ)

(ㄴ)

(ㄷ)

(ㅁ)

(ㅂ)

MEMO

(ㅅ)

(ㅇ)

(ㅈ)

(ㅊ)

(ㅋ)

(ㅍ)

(ㅎ)

MEMO

(etc)

저자약력

▪ 홍윤희

경기대학교 서비스경영전문대학원 박사과정
전) 아시아나 항공 캐빈 매니저
이스타항공 객실 승무 팀장
현) 수원과학대학교 항공관광과 교수

▪ 서현경

경기대학교 서비스경영전문대학원 박사과정
전) 대한항공 객실 부사무장
현) 국제대학교 호텔관광경영과 겸임교수

▪ 양근애

경기대학교 서비스경영전문대학원 박사
전) 아시아나항공 특화팀 부사무장
현) 대림대학교 항공서비스과 교수

통통 항공서비스 실무

1판 1쇄 인쇄 — 2018년 3월 2일
1판 1쇄 발행 — 2018년 3월 5일

저　　자 - 홍윤희 서현경 양근애
발 행 인 - 강 철 원
발 행 처 - 양 성 원
주　　소 - 경기도 파주시 검산로 173번길 29-20
전　　화 - 031-946-3861(代)
팩　　스 - 031-946-3864
이 메 일 - tnwpub@naver.com
홈페이지 - tnwpub.co.kr
출판등록 - 2015년 8월 31일 제 2015-000211 호

ISBN 979-11-6126-100-3

정가 16,000원